# 文化在企业

CULTURE IN THE ENTERPRISE

中诚投建工集团有限公司
段昌平 | 编著

经济日报出版社

图书在版编目（CIP）数据

文化在企业 / 中诚投建工集团有限公司，段昌平编著. -- 北京：经济日报出版社，2023.5
ISBN 978-7-5196-1321-1

Ⅰ. ①文… Ⅱ. ①中… ②段… Ⅲ. ①建筑企业集团—企业文化—成都 Ⅳ. ① F426.9

中国国家版本馆 CIP 数据核字 (2023) 第 078032 号

文化在企业

| | |
|---|---|
| 作　　者 | 中诚投建工集团有限公司　段昌平 |
| 责任编辑 | 肖小琴 |
| 助理编辑 | 郝　杰 |
| 责任校对 | 贾瑞雪 |
| 出版发行 | 经济日报出版社 |
| 地　　址 | 北京市西城区白纸坊东街 2 号 A 座综合楼 710（邮政编码：100054） |
| 电　　话 | 010-63567684（总编室）<br>010-83538863（财经编辑部）<br>010-63567689（企业与企业家史编辑部）<br>010-63567683（经济与管理学术编辑部）<br>010-63538621 63567692（发行部） |
| 网　　址 | www.edpbook.com.cn |
| E - mail | edpbook@126.com |
| 经　　销 | 全国新华书店 |
| 印　　刷 | 北京文昌阁彩色印刷有限责任公司 |
| 开　　本 | 710 毫米 ×1000 毫米　1/16 |
| 印　　张 | 10.5 |
| 字　　数 | 107 千字 |
| 版　　次 | 2023 年 5 月第 1 版 |
| 印　　次 | 2023 年 5 月第 1 次印刷 |
| 书　　号 | ISBN 978-7-5196-1321-1 |
| 定　　价 | 48.00 元 |

# 序一

Preface

## 企业文化的来龙去脉

段昌平是我的老领导、恩师，他在退休之后，仍然保留过去的良好习惯，十分重视研究企业管理问题。近年来他在中诚投建工集团帮助推动其企业文化建设，做出了可喜的成就。这本书就是中诚投建工集团企业文化建设取得成功的真实写照，初读了之后，很受裨益！老领导还希望我学习之后，也为本书作个序。老领导的要求，却之不恭。作序却是有点勉强，就姑且写篇对企业文化的不成熟的感悟，也算是给段昌平老领导、我的企业管理启蒙恩师交份作业吧！

企业文化是20世纪80年代，随着改革开放的热潮，在国内企业界兴起来的。当时出现的有所谓的“企业文化四重奏”，分别是《Z理论》《日本企业管理艺术》《追求卓越》《西方企业文化》，这四本畅销书先后出版，并传入国内，使国内企业十分重视企业文化建设，开始赶上国际先进企业的步伐。在企业文化的理论中，当属“Z理论”是最有代表性的理论。顾名思义，“Z理论”是借用笛卡尔坐标系的术语，有别于“X理论”和“Y理论”的一种全新的管理思想。

我们知道，工业革命之后，尤其是大批量的产品如家庭乘用车产业迅速发展之后，泰勒制等科学管理应运而生，对应着也出现了认为人性本恶的“X理论”，后来随着劳资矛盾的突出，简单的科学管理其局限性十分明显，在这种情况下，行为科学管理开始被重视，从而产生了人性本善的“Y理论”。后来人们发现无论是“X理论”还是“Y理论”，都存在着走极端的问题，于是以建设企业文化为标志的“Z理论”就应运而生，从而使企业文化建设成为全世界成功企业共同追求的共识。

实际上从历史发展的维度来看，企业文化（“Z理论”）并非什么新鲜东西，中国早期的企业其实都非常重视企业文化的建设。比较典型的是晋商、徽商等，他们都非常重视企业文化建设。因为企业文化的可贵之处，就在于它可以使企业家的意志和员工的诉求超越每个团队成员的个性而统一起来，以这种统一做到服务于企业发展的愿景，让企业家和员工在企业文化统领下，达到上下同欲，从而形成企业的特色竞争力。

成功的企业文化，不但要成为本企业员工的共识，还要成为客户认可的价值观。随着时代的发展，很多企业的产品制造流程越来越不需要本企业员工介入，成为所谓的“黑灯”工厂，生产过程中全部依靠机器人，实现了生产自动化和智能化，这个时候还需要企业文化吗？我认为在这种情况下，企业文化仍然非常重要，只不过不再是原来的“Z理论”了，而可能要以笛卡尔坐标系（$x$，$y$，$z$）为基础，进入第四维度（$x$，$y$，$z$，$t$），产生一个“T理论”。以中诚投企业为例，将来装配式建筑是个发展趋势，施工现场的人员越来越少，然而客户个性化的要求可能越来越高，比如客户希望介入房屋空间的设计，在这种情况下，中诚投企业就可以发展“元宇宙”技术，允许客户参与设计开发。这样一种人工智能和客户合作所形成的新型企业文化，我把它称之为“T理论”。

总而言之，企业文化建设没有尽头，任重而道远。中诚投企业已经奠定了良好的基础，相信只要继续努力，一定能够创造企业更加辉煌的未来，成为充满活力、基业长青的“百年老店”！

林左鸣

中国航空学会理事长

中国航空工业集团原董事长

# 序二

Preface

## 初心如磐　奋斗不息

不知不觉间，我们已走过了18年历程！18年风雨兼程，企业由小到大，由大到强，是由于我们一直重视企业文化。段老六年前来到公司，虽然年事已高，且之前一直从事航空发动机事业，但他善于学习，思路敏捷。经过与公司众多同仁广泛、深入交流探讨，结合公司的创业历程及经营管理状况，也结合他自己几十年的企业经营管理经验和人生感悟，同时收集公司员工8篇优秀论文，汇编成这本《文化在企业》，既深刻，又凝练，也详实。

书中潜心研究文化在企业中的作用。公司的企业文化由“诚信得天下，匠心铸辉煌”提升到“格物致知，诚意正心，自强不息”的“12字文化”，树立了“为社会贡献价值，为员工实现价值，为客户创造价值，为公司提升价值”的核心价值观，提出按“三个客观对待”（客观对待事物、客观对待自己、客观对待他人）做人，按“三个办事准则”（把事情办对、把事情办成、把事情办好）做事，经过近两年在全体员工中宣贯和践行，得到员工的高度认可，并按“12 字文化”指引企业管理，从而使企业迅速发展。

作为一家建筑企业，我们用自己的智慧与汗水将砂石、砖块、钢材、水泥浇筑在一起，让城市高楼林立，道路四通八达，绿树成荫，人们过着美好的生活，社会充满生机与活力。这是我们存在的价值，我们为此感到光荣与自豪。这是一个成长的过程，讲述着我们成长的故事，我们越来越懂得，我们必须健康地成长，要有好的目标，要有好的方式，也要有好的结果。这就要求我们建设我们的内在，我们的观念，我们的文化。

在长期的奋斗过程中，全体同仁在生产经营和管理中，逐步形成了我们的价值观念、道德规范、企业精神、规章制度、行为准则，以及企风、企貌和企业形象，我们将之概括为我们的企业文化。它对企业的经营思想起着统帅作用，对企业的行为起着规范和约束作用，也对企业的发展起着推动作用，是中诚投企业和中诚投人生存与发展的活动方式。我们要依靠文化的力量，创造出企业的奇迹，让我们能经风雨，受磨难，百折不挠，创建值得信赖、受人尊重的百年建筑企业，实现我们的企业愿景，践行我们中诚投“创建美好家园，促进社会进步”的企业使命。

当我们的内在越来越丰富的时候，就是我们的成长越来越健康的时候，这是个没有止境的过程。

愿和全体同仁共同努力！

郭代军

中诚投建工集团有限公司董事长

中国人民政治协商会议第十四届全国委员会委员

# 目录

/
Contents
/

# 文化在企业

# ——中诚投文化探讨

段昌平/文

企业文化是立体的，

贯穿于企业生存和发展始终。

唯有文化才能使企业生生不息，

我们要依靠文化的力量，

才能创造出企业的奇迹。

随着社会生活的发展，“文化”二字经常被人们提及，如职场文化、校园文化、生态文化、饮食文化……根据地域的不同，有北京的胡同文化、重庆的山城文化、天津的海河文化……根据品类的不同，有历史悠久的茶文化、酒文化……根据历史分期的不同，又有史前文化、商周文化、汉唐文化等。不同的范畴，不同的领域，不同的历史时期，有着各自不同的文化形态。文化在企业里就是企业文化。

从广义上讲，“文化”是一种特有的社会现象，又是和历史现象的总合，是人类社会和历史发展的沉淀物。从狭义上说，相对于物质而言，文化是抽象的存在。要给“文化”这两个字下一个定义，十分困难。

人们离不开文化。大到一个地域、一个民族、一个国家，小到工、农、商、学、兵，乃至每一个家庭，每一个个体，都必然被所处的文化环境所裹挟，都逃不出历史和时代所赋予的文化构建，都生存在自己相应的文化之中。文化存在差异，自然就有优劣。我们在广袤的文化星空里，不断进行扬弃，在筚路蓝缕中构建属于自己的优秀文化。

我们中华民族有五千年传统的历史文化，坚持文化自信，是因为我们的文化是坚持先进的民族文化，它必将继续指引我们走向繁荣、富强。

作为社会主义市场经济环境下的企业，自然应该建设属于自己的企业文化。

企业是组成国家的细胞，企业有自己的文化。中华民族文化是“源”，是中华民族生存的活动方式；中华民族文化是辽阔的海洋，承载着诸多文化支脉，如千帆竞渡，蔚为壮观。企业文化是“流”，企业文化里流动着我们民族的血脉，所以企业文化是在遵循民族文化、国家文化中孕育、构建而生的。

中诚投建工集团有限公司（以下简称中诚投）经过 18 年的发展，在郭代军董事长的长期影响下，已经形成了自己独特的企业文化。现在将其归纳、总结，并根据企业内外客观实际进行适当调整，是为了适应时代发展和实现打造百年企业的远大愿景。

## 12字企业文化

中诚投企业文化核心可以归结为“12 字文化”，即“格物致知，诚意正心，自强不息”。

“格物”，即探究客观世界的规律。认识和了解客观事物是无止境的，从而对人的净化是无止境的。通过学习，认识、掌握客观规律，然后去做人做事。

“致知”，即从“格物”中对事物形成完善的理解，从而获得真正的知识和智慧。

“格物致知”就是“实事求是”，是一种科学精神和实践精神。

“诚意”，诚意是百德之源，是宇宙万物和谐共生之本。不欺人，也不自欺，诚者自成也。真诚化育天下，诚意得道，得道多助，诚信得天下。

“正心”，即心要端正，心无旁骛，止于至善，公正无私，使自己的知、情、意与外界实际相融合。

“诚意正心”，欲正其心者，先诚其意。就是忠诚于符合客观实际的事物，忠诚于善，让心灵守住诚意，符合客观。

“自强”，即自主、自立、自力更生，靠自身的劳动、知识与智慧图强。

“不息”，生命不止，奋斗不息。即不满足于现状，不沉迷于过去，不畏困难、开拓创新、不断学习、不停进取。

“自强不息”就是靠自身的才智、力量，不断完善自己，对工作、对事业不达目的永不罢休。

“格物致知”“诚意正心”是做人做事的基石和基本原则，这是“知”。“自强不息”是做人做事的基本精神，这是“行”。“知”“行”

合一，做人做事才能趋于完美。这就是中诚投企业文化的核心，由它去延伸，去发展，从而形成先进的企业文化。

12个字，既涵盖了企业核心层面的发展定位和未来愿景，也明确了企业的核心价值观，即明确的做事原则，包括员工的价值趋向、行为规范等内容，从而构建了企业精神，树立了企业的总体形象。

中诚投企业文化是在一定的社会历史环境中，企业和职工在生产经营和管理中，逐步形成的观念形态和文化形式的总和与共识。它包括价值观念、道德规范、企业精神、规章制度、行为准则，以及企风、企貌和企业形象，它对企业的经营思想起着统帅作用，对企业的行为起着规范和约束作用，协调着生产关系，推动着生产力的发展。

它是中诚投企业和中诚投人生存与发展的活动方式，企业与员工离开它就难以得到生存与发展。企业文化是立体的，是多层面的，是看得见摸得着的，是无处不在的，贯穿于企业生存和发展始终。资源是会枯竭的，企业也会有兴与衰，唯有文化才能使企业生生不息，我们要依靠文化的力量，才能创造出企业的奇迹。

“知止而后有定，定而后能静，静而后能安，安而后能虑，虑而后能得”，知道、了解我们企业的宗旨，而后才能镇静不躁，继而才能使员工内心安定，内心安定才能思虑周详，才能使工作深合事宜，最后才有所得。明白了这个本末始终的道理，就接近了企业发展的规律。

# 使命、价值观、愿景

中诚投企业使命：创建美好家园，促进社会进步。

作为建筑企业，中诚投用自己的智慧与汗水将砂石、砖块、钢材、水泥浇筑在一起，让城市高楼林立，让道路四通八达，让绿树成荫，让人们过着美好的生活，让社会充满生机与活力。这是企业的责任与使命，并为此感到光荣与自豪。

中诚投企业核心价值观：为社会贡献价值，为员工实现价值，为客户创造价值，为公司提升价值。

企业的存在在于它创造的价值，其价值的分配决定着企业的价值观，而价值观影响着企业的生存与发展。企业能产生价值完全靠社会、员工与客户，企业必须反馈其恰当的价值，这是企业的基本道德和社会责任。在此前提下才是股东投资的利益。

中诚投企业愿景：创建值得信赖的百年建筑企业。

月有阴晴圆缺，企业总有兴衰。兴旺时关注衰落，衰落时展望兴旺。始终坚持“12 字文化”，不忘企业使命与价值观，牢牢把握住企业生存与发展的大方向，能经风雨，受磨难，百折不挠，中诚投定会成为百年企业，赢得人们的尊重与信赖。

为了满足生存条件和实现企业的价值及愿景，中诚投始终不渝地塑造先进企业文化，培养一支忠于职守的员工队伍，组建一个既有智商又有情商的管理团队，创造优质品牌，打造名牌企业。这就是中诚投的奋斗目标。

使命、价值观、愿景，从不同的层面，对“12字文化”做出了具体诠释。

“格物致知”，是在明确中诚投在社会经济生活中的定位之后，为企业设定的现实任务和奋斗目标；“诚意正心”，是为实现任务目标的企业价值取向和办事原则，是对待员工、客户、股东，以及对待工作的准则。而“自强不息”正是中诚投企业和员工为实现愿景所展示的企业精神和外在形象。

企业文化的内容丰富而广泛，包括了经营哲学、价值观念、企业精神、企业道德、团体意识、规章制度等。而这一切都是在“12字文化”的统领之下实现的，归根结底都要靠人的运作来实现。

## 按“三个客观对待”做人

塑造企业文化，就是用企业文化来引导员工怎么做人、做事。

遵循“12字文化”做人，其基本做法应是做到“三个客观对待”，即客观对待事物，客观对待自己，客观对待他人。

**客观对待事物**

对待事物，首先要认识事物，了解事物的来龙去脉。老子说“道生之，德畜之，物形之，势成之”。用“德畜之”去抚育万物，便是生生不息的人间正道。

任何事物都有一个从无到有、从生到灭的过程，这是客观存在的。因此，在正确认识客观世界的前提下，进而才会有利用与改造客观世界的可能性。在日常工作生活中，人们无时无刻不在认识客观事物，进而做到实事求是，这是做人做事的先决条件。认识事物的能力是人的第一能力，一切活动都是从认识开始的。认识水平的高低，决定着一个人能力的大小，尤其是驾驭局面的能力。事物本身是客观存在的，而对事物的认知则是经过我们的感观体验得出的主观结论。要让主观的认知符合事物的客观实际，着眼全局，避免片面，看到事物的本来面目，这尤为重要。

认识客观靠知识、阅历，靠调查研究、实事求是的作风。客观认识事物，认识到必须遵循的外在客观实际与客观规律以及社会规范，将自己的心灵、思想与事物和做人、做事相结合，这样在实践中就会从内心里对自己产生约束。这种认识与实践的结合，遵循与约束的结合，能使人达到较高境界。

遵循客观首先靠自身品行，这就要按自己认识到的客观实际去对待要处理的事物，不搞唯心的、虚假的；不要有私心杂念，要坚持正确的；不受别人左右，排除各种干扰；不偏不倚，不走极端。总之，不审时度势，则宽严皆误；不尊重客观，则左右皆错。客观地对待事物，是一切认知正确与否的基础。

**客观对待自己**

在三个客观对待中，客观认识自己最难也最为重要。如何认识自己在团队中的作用，如何给自己在客观事物中定位，怎样处理自己与周围的人际关系等，这些是正确对待自己至关重要的因素。把自己立于旁观者的位置审视自己、剖析自己，进而对自己有个相对客观的评价与了解。老子言：“自知者明”“自胜者强”，了解自己是圣明，战胜自己是强者。

了解自己的不足后，正确对待。先天和后天生理、身体上的不足或者缺陷，可以试着与之和解，坦然接受；心理、习惯、习性方面的不足，及时克服、纠正。通过学习、修炼可以让我们在人生的道路上少走弯路。

善于发掘自己的闪光点，肯定自己的优势。上天给每个人都开了一扇窗，我们能做的就是尽量把这扇窗打开，让阳光照进来，使内心充满阳光、积极向上、自信乐观，在每天的生活、学习、工作中尽心尽责做好每一件事，这便是成功了。做到客观认识自己，接纳自己，肯定自己，修炼自己，战胜自己，超越自己。

做到客观地对待自己，要解决以下几方面问题。

一是摆正位置。树立自己的人生目标并为此而奋斗。“不因虚度年华而悔恨，也不因碌碌无为而羞耻。”在社会上寻求适合自己的位置，并摆正自己的位置，不串位，不越位。在企业的岗位就是自己在公司的位置，就是自己的工作平台。在自己的位置上，按道德标准做人，按岗位职责做事。珍惜岗位，用好平台，实现自己的人生梦想。

二是少私寡欲。对名、对利，不上心、不动心。在社会环境中，我们会遇到各种利益冲突。当个人利益受到冲击，在与其他利益产生冲突的节点上，如何处理好个人利益与集体利益、国家利益的关系，就成了考验我们能否客观对待自己的关键。

少私，是指在尊重合理的个人利益的前提下，在处理利害关系时，要强调义，处理适宜。

寡欲，对名利和地位不应有过高奢望，力争做到冷静对待。名利与地位是自己对社会贡献的自然回报。少些欲望与执念，欲望高，则必心乱；执念强，则必苦恼。对名与利坚持客观冷静、知足常乐的态度，而在做人做事上要永不知足。淡泊名利，一生泰然。

要有一个平和的心态，不患得患失，要有“有生于无，而归于无”的心境。得到应得到的一切，而不是想得到的一切。古人云“货悖而入者，亦悖而出”，应得到的一切应该是正当途径得来的，非正道得来的一切都会加倍失去，这是天经地义的。对个人得失荣辱要超然对待，要有临渊履薄的清醒，福祸相依的明智，泰山崩于前而色不变的镇定。“但行好事，莫问前程”“德不配位必有祸殃”，在传统的老祖宗的话里充满了人生智慧。

三是谨言慎行。按客观实际说话，避免假话、套话。“多言数穷，不如守中”，话可以不说，可以少说，但说出的话不管对与错，必须是符合实际的真心话，同时要少说消极负面的话，多说正面向上的话。

行为要谨慎，毕竟一失足成千古恨。“得失一朝，荣辱千载”，时刻不忘“满招损，谦受益”的道理。要常审视自己在所处位置上所作所为的对与错，“吾日三省吾身”“不贰过”，在自省和沉淀中过滤自己，怀着一颗干净、谦虚、平和的心。在大是大非或平凡小事前都能保持头脑清醒、泰然自若地为人处世。不以自我为中心。

有利时，不要不让人；有理时，不要不饶人；有能时，不要嘲笑人。养成自省的好习惯，当发生矛盾冲突，出现麻烦事时，先从自身找原因，进而不断锤炼、修正自己。

**客观对待他人**

人除了自己就是他人，任何时候，任何事情都离不开他人。自己的一切都是由他人提供的，没有他人，哪有自己？“己欲立而立人，己欲达而达人”，成己成人，互生共生。

一是善看他人。“知人者智”，了解别人是智慧。不能随意去揣测别人，应换位思考，多看别人的优点与长处，少看别人的缺点与短处。“不患人之不己知，患不知人也”，不要担心别人不了解自己，只需担心自己不了解别人。

二是善对他人。“己所不欲，勿施于人”，要有仁爱之心，助人为乐，多为人做善事，做好事，急人所难，济人所需。《大学》就教我们“言悖而出者，亦悖而入”这个道理，你如何对待别人，别人也必然同样对待你。知事理，通人情，不伤害，不怨恨，不嫉妒，不苛求于人，不能己是而人非。宽容相处，“知常容，容乃公，公乃王，王乃天，天乃道，道乃久，没身不殆”，宽容才能公平、公正，团结他人，事业才能长久发展。

三是善待人际关系。与人相交，在于互为满足、平等相待、互利共生。与人相交，止于诚信，有诚，才有信，言而有信，办事可信，信誉才会进入别人的心中。要培养“契约”精神，遵守“契约”是诚信的核心。公司靠诚信支撑，对内对外都要讲诚信，只有人人讲诚信，人人守诚信，大家相互诚信，公司才会文明，才会和谐共生。

对事、对己、对人，就用这“三个客观对待”，力争做明白人、成大器的人、不可替代的人、真善美的人，做有贡献的中诚投人。

## 按“三个办事准则”做事

遵循“12 字文化”做事，其基本做法就是按“三个办事准则”，即把事情办对，把事情办成，把事情办好。

为把事情办对、办成、办好，我们应具备一种精神，两个作风，三个意识，四个观念。我们将其简称为“10 字方针”。

要树立一种精神，即自主创新、砥砺奋进的精神。人靠精神而活，有什么样的精神，就有什么样的人生。

坚持自主，就是要自立、自信、自力更生，靠自身的品德、才干、勤劳与智慧，用坚强的意志，披荆斩棘，经受前进中的各种磨炼，创造奇迹。

公司坚持创新，就是要“苟日新，日日新，又日新”，勤于学习，善于思考，不满足现状，锐意进取，执着追求，百折不挠，敢超人之长、超人之全，以前所未有的韧劲和顽强的毅力，突破艰难险阻。

公司需要领导体制创新，管理机制创新，理顺责、权、利之间的关系。人人都应在工作思路、方式、方法上创新，提高效率，要研究建筑新工艺、新技术。在管理手段上创新，推动企业从传统的人力向下管理型向集团公司数字化、指挥系统化转型，将技术、质量、安全、成本、合约、劳务、法律、培训等管理模块集成在一起，实现运营管理数据智能驱动。

同时，办事还得有气势，依靠这股由内而外的强大力量推动我们从事的工作。正如孟子的“夫志，气之帅也；气，体之充也。夫志至焉，气次焉。故曰：‘持其志，无暴其气’”，要做到不动心，一定要坚守这个志，同时不要扰乱了气。要一生浩然之气，精气神十足，便会无往不胜。

自主创新、砥砺奋进是企业赖以生存发展和竞争取胜的精神支柱，也是力量源泉。

要养成两个作风，即务实、严谨之风。作风是做人、做事的态度和行为风格。它影响着做人、做事的结果，甚至成与败。思想作风、工作作风都要正派。

坚持“三老四严”的传统作风，这是做人与做事的基本准则，什么时候都不能丢。“三老”就是“做老实人，说老实话，办老实事”。对从事的工作，从实际出发，落到实处，脚踏实地，认认真真，不走马观花，不好高骛远，追求工作的效率与效益，求得实效。

“四严”就是“严格要求，严密组织，严肃态度，严明纪律”。上级对下级、自己对自己都应按公司的规章制度严格行事。遵守公司纪律，有令必行，有禁必止，坚决杜绝松散现象。对从事的工作严字当头，一丝不苟，认真、细致、谨慎、周全，事前反复思考，“学而不思则罔”，想好才做。

要提高三个意识，即管理意识、市场意识、风险意识。统筹自我感觉和外部感知去认识事物，采取科学的、行之有效的办法去处理事务。

提高管理意识。企业只有通过管理才能出效率、出效益，我们都应成为有效的管理者。管理就要遵循计划、组织、协调与监督的职能。

战略与规划是计划范畴。战略就是创名人、名牌、名产品，围绕战略规划创“百年企业”目标，根据战略与规划编制五年计划和当年计划。

计划包罗万象。生产经营中的产值、利润、生产进度等，财务中的资金与成本、人才及培训、产品创优等，将这些计划落实到各部门，落实到每位员工的岗位上，并每月检查考评。

随着企业的壮大，组织结构应作相应调整，使之顺畅、精干、高效，便于协调与沟通。

开会是协调，文件是协调，这是组织协调。要重视非组织协调，上下级间、同事间平时工作中的沟通与协调，管理成本低，而且方便快捷。

公司对工作计划的执行过程与结果、对规章制度遵守情况要进行监督、考评，并要自我监督，重视信息反馈，使工作流程形成闭环。

完善规章制度、工作标准与程序，这是刚性的。用它来规范和约束员工的行为，使之步调一致，众人同心，员工应自觉严格遵守规章制度。要注意事物的两面性，任何制度有约束的一面，更主要的是还有激励的一面。在遵守中有原则性的一面，也有灵活性的一面。管理是为了把企业管好、管活，而不是管死。

提高市场意识。建筑行业是完全市场竞争的行业，离开市场将一事无成。以市场为龙头，抢占市场，一切工作都应以市场为中心，跟着市场走，围着市场转。

开拓市场，是要在市场上找到适合自己的项目。市场经济就是竞争的经济，在市场去找项目其实就是“抢”项目。这是一门学问，不但要有智商，更要有情商。广交朋友，知己知彼，站在对方的角度，为对方找合作伙伴，客观谦逊，赢得对方的信任，有信誉，就成功了一半。我们也不能饥不择食，有些小项目和利润薄的可以不接，垫资过大的不要接，还有合作方素质差的不能接。项目不在于多，应求大、求优。合伙人必须要有诚信，有资金，有专业队伍，有管理团队，这样才能使项目顺利进行。

在市场筹资、购置生产资料、选择劳务以及与合作人交往等方面均应按市场规律与规则进行。市场是交易的场所，更是竞争的场所，我们的思维方式、待人接物方式、工作的方式都要与市场相适应。

提高风险意识。风险是投入与产出之间的不确定性，收益的不确定性，成本或代价的不确定性。做事就有风险，风险总是在身边，要增强掌控风险的能力，必须严加防范。

风险主要产生于决策与投资的失误。建筑项目选择不当，合作伙伴没选好，主合同与向下合同不严谨，管理不善有空子可钻，员工责任心欠佳等，这些可归纳为一句话，风险是由于工作不认真、不负责任所致。风险带来的结果是官司，应严格控制诉讼案件的发生，对败诉案件追究责任，酌情处理。对风险应从合约上、规章制度上、办事程序上严加防范，从员工技能上、责任心上坚决杜绝，防微杜渐，避免或减少风险的产生，更要严防颠覆性风险出现。

战略风险、市场风险、契约风险、经营风险、财务风险、法律风险、质量风险、安全风险贯穿整个合同履行的始终。还要特别关注项目实施阶段的风险，如施工合同的付款比例低于成本支出，工作面减少造成向下合同签订额度的变化，拆迁不及时造成施工成本增加，项目部挪用工程资金造成后期成本加大甚至无法再正常生产，预付款的使用不按实际发生成本签订合同导致提前挪用工程款等。这些问题应有专门措施限期解决。重点是要建立完备、科学的企业风控机制，既要考虑项目运作，又要把控住风险。

风险与危机是孪生兄弟。危机带来风险，风险带来危机。市场份额几乎被大企业垄断占有，垫资量过大，回款时间漫长，劳务费渐增等；这些风险在激烈的市场经济竞争中，时刻都潜伏着，而且涉及方方面面，真是让人如履薄冰，如临深渊，稍有不慎都会使事业夭折。

重视风险与危机，但不怕风险与危机。办事就有风险与危机，不能因风险与危机而缩手缩脚，要让开拓创新、奋力进取成为主流。只要时刻分析面临的形势，经常审视自己的工作，企业可能存在的危机与风险，出现问题时，研究对策及时化解，我们就能化险为夷，将危机转化为良机。

要坚持四个观念，即时间观念、成本观念、质量观念、安全观念。将主客观综合一体的观点用于实践。

坚持时间观念。人在有限的时间里活着，在有限的时间里工作，自己也无法预知和决定生命的长短，也不知道能工作多久。时间是企业和个人最宝贵的资源，买不着，借不到，又不能储存。时间就是金钱，“一寸光阴一寸金，寸金难买寸光阴”，务必珍惜时间，善用时间。要养成记录自己时间的习惯，并分析时间应用的价值合理性，使其产生最大效用。要快字当头，抢时间，争速度，抢人之快，敢为天下先。

工作按计划时间完成，当天的事要当天落实。工程按合同规定的工期完成，工程完成后，要尽快做决算，回收资金。

坚持成本观念。收入减成本就是企业的利润。进行生产经营活动就必会耗费一定的资源，其耗费资源的货币表现及其对象化就是成本。人人都在耗费资源，都在影响着企业的成本，如工作进度慢，工作质量不高，工程超期，工程质量低下，资金使用不当，浪费办公用品和生产物料等。成本与每位员工息息相关，所以要人人关注成本，人人合理节约和减少成本。

实行全面预算管理。完善成本控制体系，进行全方位、全过程、全员参与的成本管理。重点是财务、人力、管理、投标、材料、劳务、设备的成本管控。把全面预算管理运用到企业的经营活动中，从而实现生产经营全面的成本控制。

坚持质量观念。质量是企业的生命，“质量”二字在企业中比任何字眼都重要。产品质量是产品固有的特性，它影响着企业的兴衰、竞争力、社会地位、形象和声誉，要把搞好质量当作我们企业永恒的主题。无论是工作还是产品必须追求高质量。质量的优与精，是企业和员工的荣耀；质量的低与劣，是企业和员工的耻辱，这应成为全员的共识。企业是生产产品的，没有产品就没有企业。产品要满足用户的需求，那就必须生产优质产品。全员就是围绕着如何生产出高质量的产品在工作，用自己高质量的工作来保证产品的高质量，任何员工都不可懈怠。

我们的企业是服务性行业，是为社会、客户服务的。客户是我们的衣食父母，尊重客户，始终紧靠客户，满足他们的需要，预见他们的需求，这是企业一切工作的出发点和落脚点，是企业的宗旨，是企业的最终目的。我们的一言一行都体现在优质的服务上，任何员工都不可懈怠。

制定优质产品规划，信用平台评分应名列成都地区前茅，全部项目应达到标化工程，争创芙蓉杯、天府杯、国家优质工程乃至鲁班奖，强化质量法规、质量纪律，逐月检查，季度分析总评，奖罚分明，及时兑现。

我们要提高工作质量，工作不能有失误，不得有差错，用第一流的工作质量和工程质量来保证企业的产品质量。

坚持安全观念。安全是生命之本，生命至上，安全为了生产，生产必须安全。建筑行业常是露天作业、高空作业、个体作业，安全隐患大，工程建设施工是《中华人民共和国安全生产法》界定的高危行业。安全生产是企业正常运行的基本保障。

安全保障体系及安全专业人员是公司安全生产的首要屏障，遵章守纪的员工是公司生产安全的根本。公司按照国家标准建立健全与公司规模相适应的安全保证体系，配备专职安全生产管理人员并强化培训，制定公司各项安全管理制度，建立健全各级安全生产责任制，保证必要的安全投入，落实各项安全技术措施，开展经常、定期检查，实行目标考核，从而防止和杜绝发生安全事故。

无论是产品质量还是生产安全都是围绕“人、机、料、法、环”开展工作。仅仅针对这五个环节做实做细就不可能出大的问题。

一种精神，两个作风，三个意识，四个观念是我们做工作的指导方针（简称“10字方针”），是前提，也是必要条件。这四个方面因人而异，有所不同，甚至差异甚大。我们坚持求大同存小异的原则，逐渐得到公司上下的一致认同。

遵循“10字方针”把事情办对、办成、办好。

**把事情办对**

做正确的事情，才能把事情办对，工作才有效，事业才有成。

首先，决策必须正确，“凡事预则立，不预则废”。决策是按公司内外客观实际、客观规律做出的判断与选择。决策过程就是认识客观实际、遵循客观规律的过程。

调查研究、搜集信息后，对资料进行加工整理、集思广益、反复琢磨、认真分析、多种因素平衡形成工作方案，再对多个方案权衡优劣，审慎的选择是不可缺少的，这样做出的决策才是符合客观实际的决策。

研究事情的必要性，分析事情该不该办，是必须要办的，还是可办可不办的，办这件事好，还是办别的事更好，有没有能力和条件办。判断的标准是投入与产出的多少，风险与安全的高低。

其次，决策靠战略与规划支撑。它要解决办此事要达到的目标以及实现目标的办法、措施及条件是可行的，不是虚假的，也不能留过多的缺口。战略决策离不开规划，规划靠决策来确定。战略离不开战术，战略靠战术来实现。

**把事情办成**

正确地做事情，才能把事情办成。

强调计划。要把决策中的规划转变为计划。要充分利用资源来办事，人、财、物、政策及信息等是办事的主要资源，要有这些资源作支撑、作保障。把决策时的战略规划与资源运用结合起来，制定出详细、具体、分门别类的计划，让做事的人全力以赴地去执行。计划是行动纲领，是动员令，它能使人万众一心，步调一致，同时也不会犯大的错误，出现大的问题。

办事要有道，就是要有办事的程序与规范。工作按程序开展，做事按规范进行，要把程序与规范列入计划，不能逾越，不可乱套。

**把事情办好**

把要做的事情做正确，只有做正确了，事情才算是办好。

以德哺育万物，我们要有最基本的道德品质。干工作不光是为了回报，更主要的是在为他人服务，要对他人负责、对社会负责，要对与自己的工作发生关系的所有环节负责。做事的过程就是个人价值自我实现的过程。要怀着一颗善心、爱心来从事自己的工作，把工作做好，就是在做善事、在积德。工作不做好，甚至不负责任，粗制滥造，就是做恶事，就是缺德。好是无止境的，没有最好，只有更好。

“图难于其易，为大于其细；天下难事，必作于易；天下大事，必作于细”。大事、难事都是从还容易解决时去谋划，从细小的地方一步步解决的。在工作中，没有任何一件事情小到可以放弃；没有任何一个细节，细到可以忽略。做事情要一丝不苟、精益求精，“如切如磋者，道学也；如琢如磨者，自修也”。做事如做人，亦是自我修炼。

做事要靠专业技能，技能是求生致富的必要手段，也是把事情办好的必要条件。我们力求做一名独具匠心、技艺高超的能工巧匠，有匠心才能铸辉煌，生产出的产品才会好上加好，工作业绩才会优上加优。

把“三个办事准则”看成我们的价值。人的生存价值，等于他为促进与实现人类个体、群体、整体与自然万物的和谐发展，或者说等于他为多少人的生存发展创造与提供了多少有利的条件这一客观实际。每个人都在为此而生，为此而努力，所以每个人都有人生的价值，都有自身的价值，只是大小不同而已。人的价值总能满足事物或他人的需求，把自身的价值变为社会的价值。

人只有通过办事才能成长，通过办事才能创造价值。中诚投和中诚投人始终为了创造自身价值和为他人创造价值奋斗不息。

我们按“三个客观对待”做人，按“三个办事准则”做事，在这个过程中修身，做德才兼备的中诚投人，发展业绩优良的中诚投企业。

## 健全价值分配体系

企业是一种功利组织，奉行利益共同体原则，与合作伙伴互利共生。与公司利害相关的供应商、外协厂家、研究机构、金融机构、人才培养机构、各类媒体、政府机构，甚至一些竞争对手都是公司的合作伙伴。依靠利益共同体和利益驱动机制，使各方都更能满足自己的需求。

与员工利益共享。公司永远坚持以员工为本、员工至上、员工利益高于一切的方针。公司永远坚持对员工要求严格，同时关怀备至，在员工做人做事上从严，在关怀职工上从宽。企业是由员工组成的，精神文明是员工塑造的，物质财富是员工创造的，没有员工，哪有公司？这是我们企业能生存与发展的基本要素，员工至上是企业发展的传家宝，要代代相传，发扬光大。

公司高度重视员工的切身利益。根据当前任务和长远发展定编、定员、定岗、定责、定薪。岗位由职工与公司双向选择，制定考核标准和程序，由考核小组逐月考核，充分听取内部上下级间和部门之间、外部客户、合作伙伴的意见，按考核结果发放当月工资，按年终总评发放年终奖金。整个过程公平、公正、公开，按员工对公司创造的精神、物质两个方面的价值给员工以对应的回报。薪酬拉开差距，给奉献者以高额奖励。考评进入个人档案，是晋升、晋级的依据。总之，让员工获得应有的回报，在同行业中薪酬要居上，福利待遇要居高。

公司高度重视培育人才，培育人才是必不可少的重要投资。要造就一批人才，建设一支德才兼备的职工队伍和经营团队，有高尚的道德品质和高超的技能，爱党、爱国、爱企业，全心全意为人民服务。公司给每位员工都搭建一个阶梯，愿大家能沿着阶梯向上攀登，公司给每位员工安上翅膀，愿大家在天空自由飞翔。

建立培训学校和培训基地，加之网上学校，通过在职学习、公司培训、部门培训，让所有员工都参加培训，尤其要注重年轻后备干部的培训，合格后才可以上岗。培训应成为常态，成为习惯，有计划，有考核，通过培训提高知识结构。知识是资本，知识就是价值，要特别强调自我的学习提高，同时给员工提供一片施展才华的天地，提供锻炼成长的合适机会与岗位，提供“人岗匹配”的平台。信任员工，大胆放权，用其长处，力求做到能者居之，人尽其能，从而在实践中增长学问。学问是本事，是才干，知识加才干就是能人。要大幅度地增加工程师、经济师的数量，增加具有各种岗位证书的人数，不断提升员工队伍的整体知识结构和素养。

公司尊重员工，重视员工的个性和自主性，为员工创造一个宽松的工作环境，有浓厚的平等、民主气氛，让大家能说话、说真话，上下级间、同事间和谐共处，实现企业内部的无障碍沟通，让大家工作起来心情愉悦，充满生机与活力。通过多种文化活动、体育拓展活动，使员工生活丰富多彩、身心得以休息、放松，恢复体力和脑力，调节生活。让每一位员工都能感受到企业这个大家庭的温暖，让员工在企业中有归属感、安全感和成就感，从而形成特有的集体团队。

公司与员工是利益的共同体，必须互为满足。只有员工为公司创建了文明和财富，公司才有能力为员工提供上述提到的一切。也只有公司善待员工，员工才能为企业创造高附加值的财富。公司管理者一定要处理好这个辩证统一的关系，让企业兴旺发达，员工事业有成。

员工素质至上。个人的人生追求与公司的事业相结合。员工的思想与行为要遵循企业文化，要符合企业文化。修炼自己的品行，遵纪守法，不以职权谋取私利。要提高自身才干与本领，力争做一个德才兼备的优秀员工。

对企业的工作有强烈的事业心、责任感，不推诿、能担当，要主动、自发地完成每一项工作。工作不是领导安排了才做，有人问着才做，逼着才做，拖不过去了才做，有利才做，有人点赞才做；而是我要做，我应该做。无论事情简单还是复杂，是自己感兴趣的，还是不感兴趣的，甚至厌恶的，我们都要积极地去做，坚决把事情办好。

为社会回馈价值。不断向社会奉献精品工程，公司在努力创造更多利润的同时，不忘承担更多的社会责任，为国家创造税收，扶贫帮困，回馈社会。

为股东获得利润。企业所能产生的价值完全靠社会、员工与合作伙伴，企业必须实现其恰当的价值。在此前提下为股东创造价值，产生利润，让股东满意。

以上种种互利共赢的价值分配体系，我们统一称之为“1 加 1 大于 2”的法则。只有在合作双方都获得效益和盈利的情况下，市场才能活跃起来，经营活动才能顺利进行，企业才可能发展，才能完成社会财富的增值和积累。在任何企业的经济活动中，企业与员工、客户、股东，以及对社会、对国家，凡是不符合“1 加 1 大于 2”法则的经营活动，必然失败。这是企业价值体系的精髓。

## 企业文化建设的实施

在企业文化体系形成后，就是实施建设企业文化的工作，这将是一个长期的工作过程。

**宣传企业文化**

做好企业文化的宣传，是建设企业文化的重要组成部分，贯穿于企业文化建设的始终。

对内，强化员工对企业文化内涵的理解，增强企业凝聚力，树立信心，提升自身修养，规范个人行为，为完成企业的目标和愿景作出努力。对外，彰显精益求精的企业精神，塑造诚信严谨的企业形象，提高企业在社会上的品牌效应和知名度。要坚持长期抓、反复抓，不断完善、充实，不断提高、深化，逐步形成具有特色的文化。

**组建企业文化建设机构**

组建以主要领导负责的企业文化建设推进小组。统筹由党委宣传部、各职能部门组成的办事机构。制定计划，检查督促，资金支持，分析总结，评比表彰，推进企业文化建设工作有序健康开展。

要重视项目部的企业文化建设，它是企业的形象窗口，是企业文化的主要载体。由于项目部多且分散，应当注重公司总部与各个项目部之间以及项目部与项目部之间的交流，用公司良好的企业文化去引导和影响项目部的文化建设，营造良好的企业氛围，逐步形成与分公司共建的企业文化。

**有步骤推进企业文化建设**

着力培养一批企业文化建设工作者、宣讲员、培训员、通讯员，准确掌握好企业文化精髓，让企业文化建设工作走进区域分公司、走进项目部、走进班组，不留死角地全面推进。

各级企业管理人员要率先垂范，认真践行，给员工以力量、信心。有效运用企业文化管理、指导基层员工做好工作，逐步将企业由经验管理向文化管理转变。

充分发挥基层党组织的战斗堡垒作用、引领作用，发挥共产党员的先锋模范作用，发挥一个党员一面旗帜的榜样作用。

工会开展丰富的文体活动，组织企业文化知识竞赛、企业文化征文比赛、演讲比赛等活动。

用企业文化手册、内刊、宣传栏、标牌、标识、网站、公众号、各种会议等，大力宣传企业文化知识，展示企业文化成果，实现对内营造良好氛围，对外有口皆碑，让企业文化建设工作无时无处不在。

## 重视企业文化建设中的思想引领作用

加强思想教育工作。体现以全体员工为主体，共同培养，共同建设，逐步形成全员共识，把企业文化理念转化为全体员工知行一致的共同规范。让大家“想得通、信得过、记得住、做得到”，真正能内化于心，让广大员工凝心聚力，统一思想，明确方向；固化于制，按企业文化的内涵完善规章制度，并遵照执行；外化于行，融入组织行为、领导行为和员工行为的方方面面，落实到修炼自身品性和工作实践中。

只有认同企业文化的人，才是企业需要的员工。企业不会以一种不合理的蛮力推动，但并不代表企业放弃以对员工约束的方式推动企业文化建设。

以上就是中诚投企业文化的全部内涵，是中诚投企业文化建设的指导思想。公司反复征求员工及高层领导的意见，大家又撰写了30多篇论文，分单位进行多次讨论，最后经公司领导集体审定，历经8个月成文，充分体现了郭代军董事长的意志和员工塑造公司企业文化的意愿。上下认同，定会有强劲有力的生命力。

此万言文是对中诚投企业文化的策划的诠释。规划容易，将规划变成现实难上加难。我们相信中诚投人有信心、有决心、有能力去塑造属于自己的先进企业文化。

# 企业文化与管理

# ——中诚投文化着力点

段昌平/文

我们要树立全生命周期的管理概念。

对企业而言，

企业文化就是要把文造化在企业管理上，

让文落地生根，

企业才能结出硕果。

一个成功的企业，在其多年的发展过程中，形成了自己特有的企业文化和经营管理模式。

有数百年历史的老字号同仁堂药店门前有一副对联“炮制虽繁必不敢省人工，品味虽贵必不敢减物力”，还有一副是“修合无人见，存心有天知”。前一副是说选材用料的重要，后一副是说制作过程中严守规矩的重要。这是企业管理精益求精的严细精神，也是自始至终从上到下各个生产环节自强不息的自律意识。两副对联把做人做事与企业文化和企业管理有机地融合在一起，如影随形，密不可分。

我们是社会主义市场经济条件下的企业，正处在民族复兴大业的波峰潮头之上，重任在肩，任重道远。

在我们传统文化的长河里，在我国产业之树的年轮里，回首企业一路走来的深深浅浅的足迹，如何找到自己穿过岁月通往辉煌的百年之路呢?

闯出我们自己的发展道路，探索我们自己的发展模式，树立我们自己设置的标杆，完成时代赋予我们这一代人的使命，这是我们的责任和义务。

在商品经济范畴内，企业是作为组织单元的多种模式之一，是按照一定的组织规律有机构成的经济实体。一般以盈利为目的，通过提供产品或服务换取收入，以实现投资人、客户、员工、社会大众利益的最大化。它是社会发展的产物，因社会分工的发展而成长壮大。企业是市场经济活动的参与者，在社会主义经济体制下，各种企业并存，共同构成社会主义市场经济的微观基础。企业本质上是“一种资源配置的机制”，其能够实现整个社会经济资源的优化配置，降低整个社会的“交易成本”。

万事万物都需要抚育才能成长。于企业而言，抚育成长靠管理。

任何事物的生存与发展都有其固有的客观规律，这便是“道”。企业的生存与发展的规律就是“工道”和“商道”，就是匠人精神和竞争意识。管理，是管理思想、管理原理、管理技能和方法的综合，遵循“工道”和“商道”，从而实现投资人、客户、员工、社会大众的利益最大化，实现整个社会经济资源的优化配置，降低整个社会的“交易成本”。这就是企业管理文化的意义所在，是企业管理的重要组成部分，是最高层次的企业管理。

2021 年下半年，有幸受公司委托，让我组织员工座谈。花了整整四个月时间，广泛听取每位员工的意见。主要是请员工们谈谈公司生存发展过程中的经验与不足，尤其在建筑行业市场竞争激烈的情况下，公司应如何强化生产经营管理。

我们要树立全生命周期的管理概念。企业管理如同对人的管理，我们每个人都会管理自己。对企业而言，企业文化就是企业生存活动的方式，企业管理就是管理好企业的生存活动方式。当企业发展过程中出现偏离生存活动方式时，恢复其正常生存活动方式，使其健康发展。

中诚投的目标是打造百年企业，那就确定企业的生命周期为100年。要保证企业健康生存100年，这就给管理职能提出了很高的指标和要求。我们一切管理工作都要围绕这个总生命周期来进行。

为了企业全生命周期的健康茁壮，在综合各种意见和建议的基础上，形成了公司管理的“六字诀”。“六字诀”是企业文化和企业管理的着力点和支撑点。

公司企业文化的核心是：按“三个客观对待”做人；按“三个办事准则”做事。做事先做人，做人是为了做事，人不做事就创造不出财富与价值。我们在谈文化，有文必须要“化”，企业文化就是要把文造化在企业管理上，让文落地生根，企业才能结出硕果。

“文犹质也，质犹文也”。这句出自《论语》的话，是说外在的文采与内在的品质二者同等重要，缺一不可。引申一步，外在的企业文化反映并作用于企业的内在管理品质；而具象的经营管理成就反映了抽象的企业文化的成功。也就是说，一个企业发展得好，说明它的企业文化是健康向上的，是充满活力的，是符合经济社会发展客观规律的。如果经营得不好，则反映出它的企业文化在本质上一定是羸弱的、不健康的。

文化是思想认识的结晶，是管总的，但必须要质朴，民族有文质，国家才会出盛世；企业有文质，事业才会兴旺发达；个人有文质，才能称君子。在公司企业文化一文中主要是讲文，是从思想上、精神上、意识上、观念上来阐述的，是管总的。此文是讲文的造化，是讲质，讲质朴，讲品质。针对员工的工作具体情况从做事的道理上、做法上来阐述如何强化管理，切实把事情办对、办成、办好。

此文不再叙述管理的计划、组织、协调、监督的四大职能，而是阐释支撑完善经营这四大职能的具体原则。针对公司管理上的问题谈几点意见。

## 闯

“闯”是指精神与气势。路是人走出来的，事业是人闯出来的。要有敢闯、敢创、敢拼、敢试、革故鼎新的精气神。要有直面艰难险阻的勇气、要有永葆斗志昂扬的朝气、要有激扬开拓进取的锐气。要树立时不我待的机遇意识，要勇于自主创新，要结合新情况、新问题，总结新经验、新方法，提出新理论、新观点，有所创造、有所发现、有所前进，创造新价值。

在建筑行业激烈竞争的大环境下，企业的生存首先要开拓市场，占领市场，这就得靠闯。以所向披靡、雷霆万钧之势找资源、抢市场、拿订单、接项目，以闯的作风去管理好项目和订单，走出一条开拓市场的成功之路，使企业立于不败之地。

重视闯劲、勇于创新，并不意味着蛮干。稳与闯相辅相成，不相克而相生，在强调闯的同时还要注重稳，稳就是办事符合客观规律和客观实际，观念要稳当，行为要稳重。“虽有智慧，不如乘势；虽有镃基，不如待时”。随机而动，随机而闯，在稳中求质、求健，在稳中乘势而跃。

## 责

孟子曰“贤者在位，能者在职”，公司按照此原则给每位员工都安排了合适的职位。员工应遵循“居之无倦，行之以忠”，在其位就要认真负责，不可懈怠；执行政令要忠心不二，珍惜平台、爱岗敬业，所谓责无旁贷，尽职尽责。

人生在世就是责任。“责”字是权利与义务、奖励与惩罚、担责与追责的辩证统一。

公司设有合理的机构，明确每个机构的职能，在机构中设置各种岗位，岗位就是职位，职位里面就规定了责任，每个职位都有责任，所以称为职责。身居职位者应珍惜、热爱公司给予的平台和职位，不能厌倦、懈怠。要忠诚于自己的职位，忠实履责。往往有人注重职位而轻视责任，这是行不通的，有职就必须有责，担当职责、完成职责是做公司员工的基本义务和必要条件。

所谓职责，就是承担工作。我们编制五年计划，重点是当年计划，安排公司一年的工作，然后按季度、按月份分解至各部门，由各部门落实到每个员工头上，员工就按计划中明确的工作去履职、去完成。

强调职责管理，职责恰恰就是反映管理者对于企业管理的承诺。企业各级管理人员通过各自的岗位职责来明确各自对企业的目标承诺，企业也会根据职责来考核评估管理者的管理承诺兑现结果。

企业管理过程中，明确的部门与岗位职责是确保工作有序开展的重要前提，同时也是企业管理规范化的重要内容。职责管理正是通过对企业内部职责的划分，明确定义职责、指定职责的负责人，使得企业内部职责范畴的事务得到统一规划和监督管理，有效地解决企业职责不明确、做事推诿、效率低下的问题。

在职责管理中还应该打破职责的壁垒和界限，实现职责孤岛间的互联互通，使得各个岗位与部门在履行自己职责的同时，又能够为其他岗位和部门的职责履行提供必要的帮助和支持，做到“补位不越位，补台不拆台”，从而共同完成企业的总体目标。

通过员工的尽职尽责实现中诚投的名人、名牌、名产品，创造百年老店的愿景。

工作不负责任属于道德品质问题，不可忽视。工作不负责任就是对自己不负责，对公司不负责，对协作单位不负责，对不起岗位、对不起薪酬、对不起公司、也对不起自己。

公司必须强化岗位责任制的管理，在以下几个方面下功夫。

一是从高层管理人员抓起。既要严格管理好自己，又要严格管理好下级，切实负起责任来，对工作要如切如磋、如琢如磨、甘之如饴，起到示范与带头作用。

二是推行逐级负责，一级对一级负责，就是下级对上级负责，同时上级也对下级负责。上级要对下级从严要求、按计划完成任务。

三是讲责必讲监督，监督员工是否尽职尽责，监督工作任务完成情况。

绩效考核是监督检查的重要手段，严格执行绩效考核制度，不得徇私，要做到公开化、透明化。根据考核结果决定员工实际收入，决定员工是否评优晋级。考评后反馈结果，上级对下级要认真谈话，肯定成绩、指出不足。对圆满完成任务的员工要表扬表彰、嘉奖加薪；对表现差者要予以帮助；因失职而造成损失者，要批评教育，甚至处分，使之“不贰过”。

## 法

法，是法度，是规章制度，是行事的标准守则。建章立制，正道前行。

所谓“徒善不足以为政，徒法不能以自行”，管理企业如同治理国家，既要施仁政，又要有法制。既要提倡道德的力量，又必须强调法制的约束。

法是调整社会关系的行为规范，企业的各项规章制度是企业规范、有序、稳定运行的前提，是企业开展经济活动、获得经济效益的重要保障，更是企业在激烈的市场竞争中取胜的内因之所在。作为公司就要遵守国家颁布的《中华人民共和国公司法》，按《中华人民共和国公司法》来进行企业管理与生产经营活动。

当前公司管理上的规章与制度、工作中的流程与标准，经梳理汇编成部门管理手册共计 43 项。从高层管理人员到基层员工，人人都应该敬畏规则、尊重规则并强有力地执行它。只有被遵守与被执行的规则，才是有生命力的规则。中、高层管理者的引领作用显得尤为重要，领导者应身体力行、以身作则，自上而下推行制度、遵守制度。只有领导带头，处理恰当，制度和流程才能实现好的效果。

规章制度是底线，是原则性问题，必须坚持。原则性的对立面就是灵活性，对基层员工和中层管理人员主要强调原则性。近几年来，曾发生中层管理人员不按规章制度和流程办事，给公司造成重大损失，教训是极其深刻的。灵活性与权力有关，灵活性主要由高层领导来把握，要正确应用权力，使问题处理得恰当。

公司由小到大，就应逐渐强调管理的正规、严密、严格，避免生产经营的重大失误。但同时也要发挥民营企业管理中的灵活性，不能用繁文缛节来束缚手脚，就是我们常说的原则性与灵活性。这是书本上学不来的，这不是知识，是管理的学问，学问是从实践中总结而来。我们高、中层管理人员应该努力增长才干，提高水平，正确处理原则性与灵活性的辩证关系，走出一条自己的管理之道。

企业规章制度在具体执行过程中，设立专门职能部门行使监督权，进行监督，施行有效的奖惩制度。

## 俭

简之又俭，质朴无华。俭者，约也，束也。约束自己，约束企业。

企业需要一切从俭。首先是机构、人员从简。根据公司生产经营状态、业务范围及规模大小，合理设置相应机构。组织机构要合理，才能使全盘机器运转自如。人员精简，严格实行岗位责任制，按公司规模、项目等设立岗位，定岗定责定员，切忌搞虚编。

“俭”就是要俭朴。“治国之道，富民为始；富民之要，在于节俭”“生之者众，用之者寡”“历览前贤国与家，成由勤俭败由奢”，艰苦奋斗、勤俭节约的优良传统永远都不能丢。勤俭兴邦的道理，并未随时代变化而过时。

从俭就是节约，节约的首项就是节约时间。时间是最宝贵的资源和财富，办任何事情首先考虑的就是时间成本，要花多少时间、能节约多少时间。尽量少开会、开短会，会议要有主题，针对问题，确定与会人员，切实解决问题，同时讲话也要简明扼要。

从俭就是要减少一切不必要的开支，降低一切能降低的费用。

首先要降低经营管理费用，即管理费用、财务费用、销售费用。人力资源成本占据管理费用支出的首位，包括取得成本、开发成本、使用成本、保险成本、离职成本。要按定编、定员进人，切忌用人的随意性。降低各种管理费用，包括差旅费、办公费、水电费等。还要从生产经营及项目管理方面节约原材料、机械、水电气和各种耗材等。

## 和

以仁求和，和睦共生。

孟子曰："天时不如地利，地利不如人和。""和"包含"协调、和谐、融合、平息"等含义。"和"代表博大而同时有包容、尊重、兼收并蓄，无乖戾之心。

"和"能调节人与自然的关系，和而合，和相生。调整社会结构，协调各层级的矛盾，规范人的内在动力，提升群体的道德修养，因而"和气生财""家和万事兴"。

"和"不是不分是非的"一团和气"。古语有云"君子和而不同，小人同而不和"。"和而不同"意味着彼此尊重并不仅仅体现在相互之间关系密切，更重要的是尊重并允许对方发出不同的声音。唯有如此，思想才会自由，企业才会发展，社会才会进步。"一团和气"将导致人际关系上失去正气，工作上不负责任、不敢担当，企业管理中需要多一些不同的声音和见解。要经常组织员工，尤其是业务一线的基层员工谈心谈话，多听听他们的心声，多给他们表达意见与建议的机会，在这些意见与建议中求同存异，共谋企业发展。讲“和”，就是要增强企业凝聚力、向心力，个体之间求同存异，有团队意识，才能形成合力，企业才有发展潜力。

要持续塑造公司的和谐气氛，和睦环境。

**一是要讲仁与信**。“仁者爱人，爱人者，人恒爱之”，领导对员工以仁，员工对领导以敬。

**二是讲谦卑**。“谦，亨，天道下济而光明，地道卑而上行。”贵以贱为本，高以低为基，谦卑可以赢得别人的尊重与支持。

**三是讲礼仪**。“礼者，人道之极也”“礼之用，和为贵”“人有礼则安，无礼则危。夫礼者，自卑而尊人。不学礼，无以立”。礼仪是律己、敬人的一种行为规范。讲话有礼、举止有礼，事事处处以礼待人是“和”的前提。

**四是讲心态**。“喜怒哀乐之未发，谓之中；发而皆中节，谓之和；中也者，天下之大本也；和也者，天下之达道也。致中和，天地位焉，万物育焉”。人都有七情六欲，而且易于发，关键在“发”的时候，要采取“中节”，使之发而有理、有节，取得真正的“和”。

**五是讲服务**。良好的服务是对内对外的必要条件，要树立为他人服务的意识，部门要具备为其他部门、为客户、为项目部、为分公司服务的意识。意识指导行动，落实在工作的每个环节中。个人只有为他人服务了，让他人满意了，满意了必然达到“和”。

“和”方能团结，团结方能同心，同心方能同道，同道方能同行。企业只有人心一致、方向一致、目标一致、行动一致、令出一门，公司才能快速发展。“和”是发展的重要条件，是管理环节中道德修养的力量。

## 通

通权达变，通，达也。“通”，就要打通以下五个环节。

**一是文化认同**。通过对企业文化的实施、学习、分享、总结、优化等，把公司全体员工凝聚在一起，并塑造一种共同的、先进的价值观，使员工们志同道合，这是管理“相通”的前提和基础。

**二是资本畅通**。企业运转靠三大资本，即货币资本、生产资本、商品资本，三大资本在空间上并存，在时间上继起，在资本循环中得到增值。企业生产经营在于“通”，核心是三大资本循环要流通、要畅通。所谓企业管理归根结底是要资本循环的通畅，一旦产生堵塞不能流通，企业就有夭折的危险。

**三是政令畅通**。政令有效与否的前提是对政令的传达是否畅通。在目标一致的基础上，遵循公司统一的“管理语言”，各部门做到政令统一、行动一致，服从高层领导班子的命令和指挥，加强执行效率和效果，消除各立山头、政令不畅的乱象。领导对下级的指令，无论是口头的、书面的都应不怠慢地去执行。领导禁止执行的，坚决制止，真正做到有令必行，有禁必止。

**四是生产经营活动畅通**。从项目的线索信息跟踪阶段，到项目的决算收款，是一个全生命管理周期。在这个周期中，始终围绕着契约和客户“需求”进行一系列系统化、集成化的管理活动，而活动的中心就是流程和制度的贯通。工作流程要畅通，生产经营工作整个是一盘棋，一环扣一环，环环紧密相连，每个人的工作都在某个环节里面，要保证在自己的环节里面不掉链子，保证畅通。

同时还要强调指挥系统，保证指导工作的畅通。在公司统一的年度目标计划指导下，各部门会根据自己的工作职责，落实公司的目标和计划。通过组织资源，就部门的目标计划实施。在实施的过程中需要各部门协作完成，需要领导统一思想、凝聚人心、科学管理。在此基础上，通过改进和创新，使组织更有效率，目标更易达成。

**五是人际关系畅通**。要树立服务意识，保证优质服务。出现任何问题要及时沟通、及时协调、及时解决。在按规章制度、流程办事时，要注意有理有情，要为客户讲明道理，说出缘由，同一句话语气不同，给人的感受会很不一样。所谓“良言一句三冬暖，恶语伤人六月寒”。如果完全站在对方的角度考虑问题，说出的话会更中听。交流时要谦和有礼，即使办不成事，也能让人心悦诚服 。对外要与客户、项目部、分公司保持良好关系，有效地沟通。

协调是“通”的方式与方法，开会组织协调，也可以非组织协调，同事间、部门间要主动沟通，保持各部门步调一致。

谈企业的管理，论文成卷，书可成山，归根结底就是解决一个“通”字。人要是做到“上通天道，天行健，君子以自强不息；下通地道，地势坤，君子以厚德载物；中通人道，人效法天地，君子以顺其自然”，这就能万事万物亨通！

企业要做“百年老店”，要让企业之树苗壮长青，要从今天的胜利走向明天的辉煌，只要我们上下同心，不断探索企业成功的经营管理之道，我们就会在这康庄大道上事事畅通无阻，必然能走向胜利的终点，进入“百年老店”的殿堂。

# 建设企业文化
# 打造百年老店

蒋仁红/文

企业只有找到适合行业及

自身工匠精神的实现路径与方法，

才能实现企业供给品质的提升、

实现企业的基业长青。

一部人类的文明进步史，就是一部人类的奋斗史；一个企业的百年发展史，就是一部企业家的拼搏史。中诚投自2004年成立以来，历经风雨，已然走过十八个春秋，时至今日，从一个名不见经传的小微企业已发展成一个集团化的现代化大型企业。据2021年四川财经数据，公司在四川省民营企业百强榜单中位列第28位，成为行业翘楚。然而中诚投人始终把实现企业可持续性发展，打造“百年老店”作为奋斗的目标，那是中诚投人为之魂牵梦萦的企业梦。

古今中外，打造“百年老店”是每个企业家孜孜以求的梦想，更是摆在每个企业面前的难题，跻身于1970年《财富》全球500强的公司到1982年有三分之二已经销声匿迹。不同类型企业的平均寿命是不同的，全球500强公司的平均寿命是40~50岁，跨国公司为11~12岁，中国集团公司为7~8岁，中国中小企业和民营企业为3~4岁。从20世纪80年代中后期到整个20世纪90年代，我国以海尔、联想、海信、长虹为代表的一大批企业相继提出了做“百年老店”“长寿公司”的口号，深圳华为公司也发出“超越‘死亡之谷’”的呐喊，形成了一股中国企业“百年现象热”。

那么如何才能让企业长命百岁？实践证明企业文化是企业赖以生存和发展的基础。纵观世界“百年老店”企业，无不具备优秀的文化，他们固守企业的核心理念，拒绝做有悖于企业的核心理念的一切事情。这份执着和坚韧，可谓是“咬定青山不放松，任尔东西南北风”。IBM在半个世纪内迅速成长，要诀是始终坚持三条信念：一是尊重员工个人的信念；二是尊重客户的信念；三是有理想，有用理想去执行一切任务的信念。企业本着这三条文化信念，坚定地去执行，取得了长足发展，跻身于世界十大品牌之一。自从托马斯·阿尔瓦·爱迪生创建了通用电气公司以来，通用电气永远推崇三个传统，即坚持诚信、注重业绩、渴望变革，而这种文化最终促成了通用电气创造高速发展的奇迹。

企业文化是企业在成长过程中不断修正、逐渐沉淀而成的，为企业员工所认可，时时刻刻、方方面面都在影响着企业，从而决定着企业的生存和发展。因此，对企业而言，特别是大企业，尤其是创“百年老店”的大企业，企业文化是决定企业寿命的关键因素。市场是残酷的，这些年来，一批批建筑同行倒闭、重组，这其中不乏一些大型企业，甚至是大型央企。这当然有其经营不善、风险防控意识薄弱等原因，但可以肯定的是其企业文化建设一定出了问题。企业文化一旦崩塌，企业倒闭关门只是时间问题。下面我们来回顾一下中诚投的企业文化伴随企业的发展历程。

2004年，郭代军董事长成为时代的弄潮儿，砸烂“铁饭碗”，毅然下海经商，成立中英国际建筑公司（中诚投的前身）。开始带领一支小队伍主要从事工程量不大的分包工程。从第一个项目开始，坚持脚踏实地地做人做事，把所经手的项目全部做成精品工程，赢得客户的高度认可，从而赢得更多的订单，为企业的发展壮大奠定基础。在企业发展的过程中，中英国际始终秉承诚信为本、塑精品工程的理念，逐步形成了“诚信得天下，匠心铸辉煌”的企业文化雏形，支撑着企业在竞争激烈的建筑业界砥砺前行。

中诚投人沿着自己信奉的企业文化理念，坚定地走出一条康庄大道，如今已发展成为集团化的大型现代化企业，注册资金达106亿元，已具备房屋建筑、市政工程、机电工程、水利水电工程、地基与基础工程、装修装饰工程、消防设施工程、钢结构工程、防腐保温工程、园林绿化工程等数十类工程施工能力，年施工能力达600亿元以上。企业文化建设也日趋完善，已经形成了自己独特的企业文化，成为企业适应时代发展和实现打造百年企业的远大愿景的支撑。

中诚投企业文化核心可以概括为“格物致知，诚意正心，自强不息”（简称“12字文化”）。其内容包括：1. 企业使命：创建美好家园，促进社会进步；2. 企业核心价值观：为社会贡献价值，为员工实现价值，为客户创造价值，为公司提升价值；3. 企业愿景：创建值得信赖的百年建筑企业。中诚投企业文化体现企业的三种精神：诚信精神（做人方面）、工匠精神（做事方面）、拼搏精神（工作态度方面）。这三种精神是企业的“魂”，更是企业的“根”。

中国是个诚信古国，先人们早就教导说“人无信而不立”“言必信，行必果”，又说“人而无信，不知其可也”，都是要求建立个人的诚信观念。社会评价一个人的标尺——“信、知、勇”三个条件中，“信”放在首位，足见“立信”的重要性。参与市场竞争的各个企业，在经过无数的失败教训后，无不把焦点聚集到“诚信”上。以信誉赢得市场是所有的成功企业得出的结论。诚信成了企业参与市场、适应市场、赢得市场的最大筹码。人无信不立，企业无信难存，诚实守信乃取胜之道。“晋商”是一个拥有几百年历史的商业文化品牌，蕴藏着丰厚的文化底蕴。晋商的成功不仅在于资本雄厚、管理严密、法规完善，更在于他们与客户及合作伙伴间建立了值得信赖的诚信关系。因其诚信享誉全国乃至世界，才能真正做到“生意兴隆通四海”。

有人说，过去的10年是商人的时代，而未来的10年，将是匠人的时代。未来的企业，最核心的问题不再是追求业务扩张，而是如何将自己打造成一个对产品和服务一直追求极致完美的“匠人”。所以企业只有找到适合行业及自身工匠精神的实现路径与方法，才能实现企业供给品质的提升、实现企业的基业长青。德国是最具工匠精神的国家，他们有很多企业是百年老店，长期生产某种产品，他们的工人很多世代做一个工种，手艺代代相传，他们喜欢不断雕琢自己的产品，不断改善自己的工艺，享受着产品在双手中升华的过程。所以，德国的机械、化工、电器、光学居世界领先地位，此外厨房用具、体育用品都是世界上质量最过硬的产品，“能用 100 年”，“德国制造”成为了质量和信誉的代名词。工匠精神还可以从瑞士制表匠身上一窥究竟。瑞士制表商对每一个零件、每一道工序、每一块手表都精心打磨、专心雕琢，他们用心制造产品的态度就是工匠精神的思维和理念。在工匠们的眼里，只有对质量的精益求精、对制造的一丝不苟、对完美的孜孜追求，除此之外，没有其他。正是凭着这种凝神专一的工匠精神，瑞士手表得以誉满天下、畅销世界。

真正的好企业，是靠拼搏和奋斗赢来的。正如松下幸之助所言：只有努力了，你才有资格去品尝胜利的味道。物竞天择，天上没有掉馅饼的好事，没有哪个成功是随随便便就到手的。想要品尝胜利的滋味，就要去努力，去拼搏，只有努力了你才有资本去赢得胜利，赢得人生。稻盛和夫一生坚守“一定要严酷地锻炼自己；付出不亚于任何人的努力；自己就是工作，工作就是自己”这三条信念，先后把京瓷、第二电信带进世界 500 强。在其 78 岁高龄时，本已遁入空门，又再度出山，临危受命担任日本航空的CEO，仅用一年多的时间，日本航空从亏损 1800 多亿日元变成盈利 1884 亿日元，重新回到世界 500 强行列。虽然微软的员工们工作非常卖力，但都勤奋不过他们的老板比尔·盖茨。哈佛商学院有这样的说法：“比尔·盖茨好像就住在办公室。”一分耕耘才会有一分收获，付出会有回报。这让微软公司创始人比尔·盖茨连续13年位居《福布斯》榜首。

企业文化建设是为了达到实用的目的，力图把企业文化融入到企业的生产经营活动中，更好地为生产经营服务。那么如何建设好企业文化？至少做好四个方面的工作：战略规划建设、制度文化建设、人才队伍建设及品牌文化建设。

## 战略规划建设

战略是企业在充分了解市场环境和分析自身条件的基础上，为求得长期发展，通过适应未来环境的变化，对企业发展目标、实现目标的途径和手段所进行的总体谋划。简而言之，企业战略就是企业发展的方向、企业从事的事业目标和企业前进的竞争对策与着力点。中诚投紧紧跟随国家的发展步伐，编制了公司的5年发展规划，着重针对区域布局及产品定位编制了详细的计划。在区域布局上，公司已相继成立了辽宁、吉林、天津、湖北、广东、浙江、新疆等区域公司，目前这些区域的规模及运营质量仍有较大的提升空间。未来5年，公司将对各区域公司进行优化整合，提高工作效率及协同作战能力。调集精兵强将重点开拓长三角、大湾区及海南自贸区的市场，力争至“十四五”末，外域市场营业额占集团总营业额的60%以上。在产品定位上，确保传统业务（房建、市政）基业长青。完善企业资质种类，公路资质、水利水电资质要晋升一级，并且在这两大业务板块内有所作为，到“十四五”末，公路、水利水电项目营业额要占总产值的10%以上。同时对城市轨道交通等领域进行探索性尝试。

## 制度文化建设

制度文化是企业为实现自身目标对员工的行为给与一定限制的文化，主要包括领导体制、组织机构和管理制度三个方面。企业领导体制是生产发展的必然结果，也是企业制度文化的核心内容。企业组织机构是企业文化的载体，包括正式组织结构和非正式组织结构。企业管理制度是企业在进行生产经营管理时所制定的、起规范保证作用的各项规定或条例。上述三者，构成企业的制度文化。

领导体制，是用制度化的形式规定组织系统内的领导权限、领导机构、领导关系及领导活动方式，任何组织系统内的领导活动都不是个人随意进行、杂乱无章的活动，而是一种遵循明确的管理层次、等级序列、指挥链条、沟通渠道等进行的规范化、制度化或非人格化的活动。管理的结构形式有多种，中诚投是建筑企业，实行总部机关与项目部两级管理，因此领导层管理必须采取现代化的管理方式，即矩阵式管理模式。公司五大职能系统（工程系统、技术系统、商务系统、市场系统、财务系统）管理职责的交叉环节容易出现扯皮现象，影响工作效率，因此工作应重点加强彼此间横向联系，并尽可能明确各方的职责及所要配合对方的工作要点，以提高整体工作效率。

组织机构，是指企业为了有效实现企业目标而筹划建立的企业内部各组成部分及其关系。设置科学合理的组织机构将保障企业健康运营。中诚投目前的组织机构管理是扁平化型（对项目）加直线型（对分公司）并轨运营。省内项目由集团直接管控，即扁平化式管理，这种管理非常奏效，不仅管理高效，更能全面地掌控项目的基本情况，严格规避项目风险，确保工程项目的工期、质量、安全及成本不会跑偏。缺点是机关管理工作量大，工程规模量超过一定量后，就显得力不从心了。所以，随着企业规模进一步扩大，将增加子公司管理层，形成集团管子公司、子公司管项目的三级管理模式，使企业管理更加科学化。省外项目委托分公司直接管理，目前运营比较顺利。近年来，外埠市场进一步扩大，分支机构如雨后春笋一般快速增长，为了规避内部竞争，须适时进行优化调整，以确保分支机构健康良性发展。

企业管理制度是企业为求得最大效益，在生产管理实践活动中制定的各种带有强制性义务，并能保障一定权利的各项规定或条例，包括企业的人事制度、生产管理制度、民主管理制度等一切规章制度。目前公司的管理制度已由各系统修订完成，接下来就是宣贯、培训，让规章制度得以落地实施。在实施的过程中，实行动态管理，不断地发现问题，不断地修改完善，以最科学的管理制度确保企业顺利运营。

# 人才队伍建设

古今中外，大到一个国家，小到一个企业，只要想谋求发展，谋求强大，无一不重视人才，注重人才的引进与培养。文王访贤渭水，姜子牙兴周八百余年；刘备三顾茅庐，诸葛亮兴汉于蜀；嬴渠梁拜相商鞅，大秦帝国从此崛起。“二战”后，大量人才涌入美国，美国得以快速发展，成为世界金融中心、科技文教中心。国家如此，企业亦如此，未来企业之间竞争归根到底是人才的竞争。得人才者得天下，得人才者得发展。中诚投致力于打造百年企业，必须做好人才队伍建设工作。一是强化人才的引进力度，要把吸引、发现和发挥人才作用作为立足点，形成尊重知识、尊重人才的环境和氛围。要多渠道、多层次吸引各类人才，特别是高层次、高技能、高素质的复合型人才的引进。同时做好校园招聘，尤其增加 985/211 高校毕业生的比例，把一批品学兼优的好苗子选拔进企业，为企业发展做足人才储备。二是加强人才培养工作，着力培养开发高素质的项目管理人才和各类专业技术人才，同时建立健全人才培训机制，坚持把人才培训摆在企业优先发展的战略地位，以确保企业持续健康发展。三是加大人才梯队建设。人才使用要注重人才年龄结构、专业技能结构的搭配，方能保证企业管理后继有人。企业人才结构要中、青搭配，专业技能结构要管理型、技能型、开拓型搭配，方能使企业立于不败之地。

## 品牌文化建设

中国因品牌而骄傲，世界因品牌而自豪。品牌意味着高质量、高信誉、高效益、低成本，其背后就是一个个在市场竞争中始终立于不败之地的成功企业。成功的企业其品牌效应非常巨大，苹果、三星、华为因其品牌而使产品风靡世界。波音、空客的强大品牌更是让全球其他飞机制造商们无法望其项背。中诚投在四川省内已经具备一定的影响力，在国内也有一定的知名度，走向世界也已经起步。但我们要保持清晰头脑，不可沾沾自喜，要俯下身子脚踏实地去工作，确保项目创结构优质率达90%以上，至少半数以上项目创省市级优质工程，条件允许还要争创鲁班金像。所有分公司及项目部应积极推进开展当地的省、市级质量现场观摩会及施工安全生产现场观摩会，以提升企业在当地的知名度。多年以来，公司从捐资助学帮助贫困学生，扶贫帮困助力脱贫攻坚，减灾赈灾帮助灾区人民重建家园，再到捐资驰援抗疫等，积极参与社会公益事业，彰显企业担当的精神，践行企业的社会责任，在社会上引起很好的反响，企业赢得了口碑与尊重，行稳致远，企业的路愈走愈宽，愈行愈稳。

晚清学者王国维在《人间词话》里谈到了治学经验，他认为古今之成大事业、大学问者，必经过三种境界："昨夜西风凋碧树，独上高楼，望尽天涯路"，此第一境也；"衣带渐宽终不悔，为伊消得人憔悴"，此第二境也；"众里寻他千百度，蓦然回首，那人却在，灯火阑珊处”，此第三境也。治学如此，治企亦如此。从最初创造者的彷徨、焦虑、无助到其后数代人的坚韧、自信、拼搏，最终实现企业持续发展，绵延百载！企业文化的强弱，决定着企业发展的质量，成功的企业都有强劲的企业文化。企业文化建设是一项宏大的系统工程，只有经过艰苦努力，不断地塑造才能见奇效。经百年沧桑后，企业的业务方向、发展战略等都可能会发生很大的变化，而企业的价值观和精神将永远闪烁光辉。

践行企业文化之

# 人力资源管理篇

张阜文/文

只有将企业文化与人力资源管理相结合，

才能将企业核心价值观通过具体的

管理行为体现出来，

实现文化理念的落地生根，

形成企业内外部广泛认同的企业文化。

## 一、人力资源管理内涵

人力资源管理是指根据企业发展战略的要求，有计划地对人力资源进行合理配置，通过对企业中员工的招聘、培训、使用、考核、激励、关怀等一系列过程，从而调动员工的积极性，发挥员工的潜能，为企业创造价值，给企业带来效益。在此过程中，人力资源管理部门运用科学方法，协调人与事的关系，处理人与人的矛盾，充分发挥人的主观能动性，使人尽其才、事得其人、人事相宜，以实现组织目标。

人力资源管理一般分为六大模块，即人力资源规划、招聘与配置、培训与开发、绩效管理、薪酬福利管理、员工关系管理。只有充分理解人力资源管理六大模块的核心思想所在，才能掌握员工管理及人力资源管理的本质。目前，传统的人力资源管理在我国众多的建筑施工企业中仍占据主导地位，人才数量、结构和能力无法有效支撑战略需求，存在体系不健全、机制不完善、科学的员工评价体系和激励机制还没有形成等问题，既容易导致员工积极性不高、活力不足，又容易造成人才流失。针对目前人力资源管理的现状，本文从人力资源管理的六大模块出发，就中诚投（以下简称公司）企业文化如何影响并指导人力资源管理的具体工作，与大家一起分享。

## 二、企业文化与人力资源管理的关系

企业文化是以管理为目的的文化和以文化为载体的管理理论的有机结合，是企业灵魂所在。它又是企业发展的源动力和企业创新的理念基础，是员工行为规范的内在约束。

人力资源管理是以人为本的管理，是企业文化建设的重要内容，强调方法与制度措施。

企业文化和人力资源管理不是两个独立的个体，它们相互促进，不断融合于企业发展的总体战略中。只有将企业文化与人力资源管理相结合，才能将企业核心价值观通过具体的管理行为体现出来，才能实现文化理念的落地生根，在企业内部发挥作用，形成企业内外部广泛认同的企业文化。人力资源管理部通过各种渠道向外宣传，对客户、合作伙伴和社会产生文化辐射作用，从而进一步树立公司外部形象，提升公司的品牌知名度，反向促进人力资源管理的发展，最终实现双赢。

## 三、企业文化在人力资源管理工作中的落地实践

企业文化是人力资源管理工作的向导，对人力资源管理工作有重要的促进作用，这种促进作用体现在人力资源管理工作的各个环节。

### （一）企业文化引领下的人力资源规划

人力资源规划的任务就是确保组织在需要的时候能获得一定数量的具有一定技能要求的员工。因此，人力资源规划必须建立在企业战略目标的基础上，同时要成为企业战略规划的一部分。

企业文化明确定义了公司的使命和远景，因此，不管是公司的长远目标，还是短期目标，都是在企业文化的指导下完成。例如，2021 年公司完成了“十四五”的五年规划，2022 年初公司完成了年度任务规划，相比之前的规划，大家一致认为目标更科学、聚焦和清晰，并且紧密切合公司的企业文化。在此基础上，人力资源管理部结合目标和任务，给出合理的资源配置预算，在企业文化的引领下，也确保了人力资源规划正常落地。

### （二）企业文化运用到公司招聘体系中

在招聘面试过程中，公司将企业的价值观念与用人标准结合起来，优先选择对公司文化认同较高的应聘者。特别是重点考察两

点：一是应聘人员的价值观是否与企业文化的核心价值观一致；二是应聘人员能否在公司的文化氛围中生存和成长。由于招聘员工时重点对员工的价值观进行考察，保证了入职公司员工的价值观与企业核心价值观趋于一致。

不可否认，工作能力确实是职场上的一个关键因素，但还有一个条件比它更为重要，那就是“态度”。很多人总是把工作能力放在第一位，却忽略了态度的重要性，这里的“态度”，即对公司企业文化、核心价值观的认可度和匹配度。因为当今的职场都讲究团队合作，依靠团队的协作完成一定的任务和目标，而态度好的人，更容易融入团队。如果说“能力”是让自己站稳脚跟的硬实力，那么“态度”就是让自己的能力能够得以充分发挥、扩散甚至提升到更高层次的软实力。

从近几年的员工招聘效果来看，在重点关注应聘者对公司企业文化的认可度后，更多德才兼备的员工加入到了公司，使得整个公司人才层次上了一个新台阶。

**（三）培训是企业文化传播的载体**

企业文化的核心是“以人为本”，强调对人的尊重、理解、信任，帮助员工开发潜力、实现价值。要把这样的理念变成现实，需要长远规划，逐步落实，而培训正是传播企业文化的重要方式和手段。

通过培训，员工不仅丰富了知识，提高了技能，升华了思想道德品质，而且潜能得到充分发挥，人生价值得到实现，极大地激发了工作热情，增强了团队的凝聚力、忠诚度和归属感。

公司领导层非常重视培训体系的建立和培训工作的具体落实。通过培训意见调查表，人力资源管理部收集员工普遍感兴趣的培训主题，再结合每个管理部门的业务情况，完成公司年度培训计划。其内容主要包括部门业务培训、公司每年2次的集中培训（包括企业文化培训）等。除此之外，每周二的公司周例会上，中层以上领导干部自愿分享企业文化学习心得和落地实践。因此，公司的培训体系和培训管理体现“以人为本”的精神，体现人文关怀，培训的内容更加贴近员工的需求，培训的形式更加丰富多彩，形成具有公司特色的培训文化。

通过培训，员工不断了解公司的价值观和使命，明晰公司的规章制度和经营理念，在工作中自觉地以公司经营理念为指导，严格遵守公司的各项制度，加强了责任感和使命感，使公司的规章制度内化为员工的自觉行为，大大提高了公司的管理水平和工作效率。同时，通过培训，员工的工作技能、精神面貌、服务意识等大大提升，公司业务量逐年递增，客户满意度逐渐增强，公司的竞争力进一步突出，从而使得公司的形象得到极大提升。

培训作为人力资源管理工作的一个组成部分，对于企业文化的建设具有非常重要的作用。没有培训的企业文化，一定是不能落地的企业文化。优秀的企业文化能够为培训指引发展的方向，使培训能持久、有效、健康地开展下去。二者相辅相成，共同发展，只有这样培训工作才能不断进步、不断完善，企业文化才能更加内化于心、更加外化于行，真正成为公司的灵魂和支柱。

**（四）企业文化为绩效管理提供“软环境”**

企业文化为绩效管理指明了方向，绩效管理的具体实践需要与企业文化指引的方向相吻合。从公司绩效管理系统和制度的建立、实施，到考核指标和结果兑现，一直与公司企业文化相一致。

在绩效管理系统的设计和实施方面，公司一直坚持以人为本，充分考虑员工的需求，围绕人性的本质进行制度设计和考核奖惩。同时，公司实施以和谐劳动关系为目标的人性化管理，充分考虑人文关怀，发挥绩效管理的引导作用，不能为了考核而考核，从而造成并加深公司与员工之间的矛盾和冲突，这样就失去了绩效管理的真正意义。并且，公司人力资源管理部将企业文化管理的过程和结果也纳入到绩效管理体系，并与员工的晋升、培训、奖励、薪酬等有效对接，确保公司的各种行为与企业文化保持一致，这样不但强化了企业文化，使企业文化深入人心，又可使企业文化来指导公司的业务，优化公司业务活动的结果。

在绩效管理实施过程中，公司人力资源管理部意识到绩效管理是周期性的，在一个绩效考核周期，绩效管理直接作用于短期目标的完成，对企业文化建设的作用是比较有限的。要形成优秀的、能够影响员工的价值观和行为规范的企业文化，必须在企业文化基本方向的指引下，长期坚持实施绩效管理，保持绩效管理理念和企业文化的一贯性，不断发展和完善，通过长期的作用，强化和固化员工的价值取向，绩效管理才能发挥真正的作用。

### （五）企业文化正向影响着薪酬福利管理

薪酬福利是价值形态的文化，是在公司经营战略引领下的企业文化的重要载体和组成部分。同时，薪酬福利管理对企业文化建设又有着导向作用，体现着公司的价值取向，对员工的思想和行为有着重大的影响。

公司在制定和执行薪酬分配政策时，保持以人为本的文化内涵，同时也考虑了企业文化的影响功能。因此，在充分考虑企业文化建设要求的前提下，满足员工的需求并激励员工，是以人为本的企业文化的具体表现。例如，既讲按劳分配、多劳多得，又大力弘扬奉献精神，同时把物质鼓励与精神鼓励紧密结合起来，以榜样和精神的力量去激发员工的干劲和斗志。同时，既要体现公司的管理、质量、创新、服务等理念，又要体现引导员工落实行为规范，以薪酬福利分配引导员工爱岗敬业、遵章守纪、团结协作、奉献社会。随着社会的不断发展，员工的需求也在发生变化。因此，在制定薪酬福利体系时，就不能只是满足员工的一个或几个方面的需求，要根据员工的实际情况来改变薪酬战略。当员工的需求层次到了尊重需求和自我价值需求的时候，金钱已经不能够满足员工的需求了，这就要求公司通过自己的企业文化来满足员工更高层次的需求。

人力资源是保持企业竞争优势中最大的和最关键的资源。而如何获得人才，留住人才，用好人才，是企业界公认的难题，其中最复杂、最困难的就是怎样做好薪酬福利管理和塑造企业灵魂。因此，只有建立合理有效、相对公平公正的薪酬管理体系和以人为本的企业文化，才能从根本上保持人力资源的竞争优势，才能提升公司的竞争力并在激烈的市场竞争中立于不败之地。

**（六）企业文化是员工关系管理的最高境界**

员工关系管理是企业经营管理的重要方面，是影响员工态度行为和绩效的重要因素。员工关系管理通常被认为是企业人力资源管理工作中最琐碎、最不易直观衡量出价值的部分，但却是企业管理工作中最能激发员工满意度，提升生产率和管理绩效，从而带动企业提高经营管理水平，实现企业战略目标的关键部分。那么，如何最大程度地发挥员工的积极性，如何提高企业对员工的吸引力和凝聚力，如何提高员工对企业的向心力和创造力，正是企业文化建设和企业员工关系管理的方向和契合点。

在员工关系管理中，公司人力资源部员工深刻认识到公司使命是通过公司全体员工共同愿景的实现来达成的，也就是员工关系管理的起点是让员工认同公司的愿景。没有共同的愿景，缺乏共同的信念，就没有利益相关的前提。但凡优秀的企业，都是通过确立共同的愿景，整合各类资源，牵引整个组织不断发展和壮大，带领员工通过组织目标的实现来实现个体的目标。因此，认同共同的企业愿景和价值观，是建设和完善公司员工关系管理体系的前提和基础。

同时，员工关系管理与企业精神又是分不开的。企业精神是企业理念的浓缩，是企业灵魂的集中体现，是企业在生产经营活动中，为谋求自身的生存发展而长期形成并被员工所认同的一种健康向上的先进群体意识，集中体现了企业利益观念、竞争观念、道德观念，代表着企业共同的信念、员工一致的价值观，是企业文化发展到一定阶段的必然产物。在企业精神所营造的良好的经营氛围下，公司人力资源部门更加容易加强并完善现有员工关系，在员工间和公司与员工间搭建更加顺畅的沟通平台，从而提高员工满意度，增强员工归属感，营造更加团结和协同的团队精神。

## 四、公司组织建设成效

### （一）打造基于共同价值观的团队领导力

价值观是一个企业组织能力的灵魂，也是组织能力发展的导向。在公司强有力的企业文化指导下，逐渐打造了基于共同价值观的团队领导力。通过建立共享的文化价值观，共享的学习机制与方法论，构建稳定的公司治理与团队纪律约束，并致力于抓管理干部队伍的使命、责任、能力建设，加强对高潜质年轻人才的悉心培养，公司逐步实现了高层领导团队的个人智慧到团队智慧、个人能力到互补型领导团队的转型升级。

### （二）以企业文化推动员工队伍建设

公司企业文化建设已有三个年头，在企业文化建设的不同时期，对员工队伍建设所起的效果有所不同。在建设初期，充分结合公司的发展战略，以公司制度为基础，不断融入公司价值观念、员工行为准则，将企业文化深度贯穿于公司生产经营活动中，在实践中建立企业文化，再逐步形成适应公司发展、具备公司特色、得到员工认同的文化纲领。

随着公司的发展，公司目标会有所调整，员工需求也会不断变化。企业文化也在继承的基础上，不断充盈完善，时刻保证公司发展与员工状态的贴合性，通过细节上的契合来加深文化与发展之间的连接，将优秀的企业文化渗透至公司管理、生产经营等多方面。

在企业文化宣贯时期，根据不同员工的状态和需求，公司采取了不同的方式和方法。新入职的员工，爱冲动、有激情，这个时期也是流动性最强的，利用企业文化留住人才至关重要。针对这类人群，公司把侧重点放在员工的认知度上，开展实用性更强的岗前培训和企业文化培训，让新进员工快速了解公司、融入公司，产生强烈归属感和认同感。

对于入职时间较长的老员工，心态趋向平和，对单位有足够的归属感和依赖性。对于这个群体而言，工作、生活都普遍以求稳为主要目的。从员工心理需求出发，这个阶段不适宜做跨度较大或者较为频繁的岗位调动，而应把侧重点放在稳定人心上。通过举办形式更多样、覆盖面更广的活动，包括一年一次的带薪旅游活动、一年两次的团队拓展活动、定期举办的党建活动和工会活动，以维持他们对公司活动、公司管理的参与度和对公司的归属感。

在员工队伍建设过程中，公司特别注重有针对性的配套性机制建设，通过优化、丰富企业文化，激发基层队伍活力，保持公司的核心竞争力，推动公司发展稳中有进。

## 五、总结

以企业文化为导向，实施有效的人力资源管理工作，有助于激发员工的积极性和主动性，有助于提高员工的创造性，为公司创造出更大的经济效益，进一步促进公司的持续健康稳定发展。同时，用企业文化打造人力资源管理，使人力资源管理的各个模块与企业文化进行有效结合，有利于提升公司的管理水平和管理效益。反过来，科学的人力资源管理也能使公司建立一个更加良好的企业文化氛围。实践证明，要充分发挥企业文化在人力资源管理工作中的导向作用，就要在实践中坚持以人为本的理念，根据每个企业经营特点，将抽象的企业文化核心内容与人力资源管理的具体行为相结合，发挥其积极的影响作用。

践行企业文化之

# 市场经营管理篇

陶华/文

唯有专业地尽心尽力地帮助所有客户

顺利实现目标价值，

才能体现经营业务人员的“诚意”，

唯有在经营过程中把握政策风险不越红线，

才是正确实践了企业文化中的“正心”。

中诚投企业文化的核心就是“格物致知、诚意正心、自强不息”，按“三个客观对待”（客观对待事物、客观对待自己、客观对待他人）做人以及按“三个办事准则”（把事情办对、把事情办成、把事情办好）做事。

中诚投作为一家建筑企业，其在竞争激烈的市场环境中赖以生存和发展的最为重要的工作就是市场经营，此为企业生存之本。做不好市场经营就拿不到业务，拿不到足够的业务，企业的生存都成问题，其他一切也都无从谈起。我认为中诚投企业文化的精髓，对于指导我们经营部门在纷繁复杂的市场环境中，如何突破困境，在市场中杀出一条血路，开创经营新局面，具有非常重要且突出的指导作用。

## 格物致知

格物致知的字面意思以及儒学、哲学意义这里不予赘述，我想探讨的是，在我们建筑行业经营工作中的一些规律性问题。建筑行业与其他生产性行业最大的共同点是都生产产品并销售出去，最大的不同是建筑业是特殊的来料加工生产性企业，即先有订单然后按照订单要求（图纸）进行定制生产，产品必须完全满足客户的需求（按图施工）和国家相关强制性规范要求。其他行业一般直接面对的客户都是广大的消费者、普罗大众，时髦的说法就是B to C；而建筑业主要面对的客户都是集团客户——政府相关职能部门、企事业单位（主要是各类平台公司）、开发商以及其他私营企业，即B to B。这就注定我们建筑企业的经营销售方式方法与其他行业的销售工作有着很大的区别和不同且在规律性上有着许多差异。对此，我认为公司相关业务人员和管理者应当静下心来，多思考研究建筑行业经营工作尤其是招投标领域的一些规律性问题，以及如何在防范相关风险的前提下把公司的业务拓宽，只有这样才能让公司走上良性发展的道路。这是一个比较大的课题，见仁见智，这里就不展开细说了，有可能的话，另文专门探讨。

## 诚意正心

建筑业经营业务人员与其他生产销售人员接触的客户是不一样

的，我们主要针对的是两类人群：一是集团大客户，也就是通常所说的甲方；还有一类是公司的项目经理团队。这两类不同客户的需求点是不一样的，但都要求我们的市场业务人员要以诚意待人，以正心服务于人。对于第一类客户，他们的关注点在于，“我把项目交给了你们，你们公司能否按合同要求在保证质量安全的前提下按时交付，保证我客户的经济以及其他效益”；对第二类客户来说，他们关注的是我们市场部相关人员能否在招投标过程帮助他把好关，做好投标文件制作等工作，使项目顺利中标，其后在项目的实施过程中还需要我们市场部业务员帮助协调公司内部各管理职能部门，为项目的顺利进行做好服务。

对待第一类客户，传统的长期保持联系维系感情纽带等策略还是必需的，但是我们必须清楚认识到对于相关政府背景的客户，我们要注意把握好分寸，不要越过红线，避免给对方也给自己带来不必要的麻烦和风险。

对待第二类客户，他们在工程项目管理、施工技术上是专业的，但对于招投标工作往往又是不熟悉的。我们要做的是帮助他们利用其优势结合我们的专业能力顺利（中标），把合同签下来。这通常是指在公开招标项目的投标环节，我们市场部相关人员要充分利用自己在投标文件的制作、施工组织设计以及清单编制上的专业优势，帮助客户分析招标文件的要求，确定合理的投标策略，确保最终顺利地中标。

唯有专业地尽心尽力地帮助所有客户顺利实现目标价值，才能体现我们公司经营业务人员的“诚意”，唯有在经营过程中把握政策风险不越红线，才是正确实践了企业文化中的“正心”。

## 自强不息

对于市场经营人员而言，在竞争日益激烈的建筑市场抢占份额从来都不是一件容易的事。因此，“自强不息”这四个字是需要我们随时在脑海里唤醒的四个字，时刻鞭策我们正视并重视困难的同时要充分树立信心，面对困难迎难而上，充分发挥主观能动性，充分利用现有资源挖掘潜力，同时努力开发新资源、新区域、新市场，以自强不息的精神去占领市场获取项目，在实现个人价值的同时也为公司的生存发展贡献力量。

## 三个客观对待

**客观对待事物：**我们市场经营人员面对的市场客观事务最多的就是招投标工作了。我国现行招投标制度的法律框架就是《中华人民共和国招投标法》及其实施条例，各省及自治区直辖市的主管部门（发展改革委及建设厅）在这个法律框架下根据各省的具体情况，出台的相关标准招标文件及其配套使用的规范性文件实施细则等差异较大。而我们公司又是一个全国性的集团公司，经常面临要在不同的省市地区投标，其招标文件要求各有特点，投标文件编制工具清单制作软件也不一样，这就要求我们的市场部负责资信制作的资料员和清单编制的造价人员要在平时多学习多研究，避免在投标文件的制作过程中出现错误导致被废标等不利情况发生；我们的市场业务人员也要多了解当地政策，主动提醒相关人员在投标时注意规避一些政策风险，避免不必要的被废标、被行政处罚的风险。

**客观对待自己：**我认为，人最困难的一件事就是正确清醒地认识自己。但是作为建筑企业的经营人员必须清醒地认识自己，正视自己的优缺点，尤其是要充分认识自己在专业技术以及综合知识能力方面的欠缺。建筑行业内大多数经营业务人员的学历普遍不高，建筑专业知识能力不足，管理知识水平也欠佳。这与整个建筑行业进入门槛低有密切关系。然而在日趋激烈的市场竞争环境下，没有一定的专业能力和素质就无法给客户提供更优质的服务，很难留住老客户并开拓新的优质客户资源，如此一来，不仅无法保住现有市场份额，更谈不上争取更大更多的新项目了。由此可见，提升经营业务人员的专业技术能力以及综合素质是公司一个非常重要的任务。公司历来对此非常重视，人力资源部和市场部会不定期举办各种培训，以期达到提升业务人员专业水平及综合素质的目的。除此之外，我认为，更重要的是我们的业务人员要充分认识到提升自己的必要性和迫切性，不能有任何满足现状、不思进取的想法和做法，必须要有“逆水行舟不进则退”的危机感和忧患意识，主动参与相关培训以及加强自学，提升自己的专业水平和综合素质，如此方能在经营工作中立于不败之地。

**客观对待他人：**对于市场经营人员来说，我们平常工作接触最密切打交道最多的人主要是客户和同事，如何与客户相处，如何服务好客户以留住客户资源这里不再多说，主要想重点谈一谈如何与同事搞好协作并协调好利益关系。

众所周知，市场部最主要的工作就是投标，投标是一个既简单又复杂的工作。说简单是因为投标就分为报名、招标文件下载、投标文件制作、投标保证金缴纳、开标这几个环节，对于熟练的资信文件编制资料员、施工组织设计编制人员以及清单编制的造价员而言并不存在多大的技术难度；说复杂是因为要想在一个项目投标时把投标文件制作得尽量完美、无懈可击，投标报价合理，准确地押中中标点位是一件非常困难的事。而且，要想顺利中标一个大型项目，牵扯到的公司以及要考虑到的方方面面因素非常多，需要协调很多人以及事务。某种程度上而言，投一个重要的标就是一个复杂的系统工程，一点也不为过。因此，市场部投标以及其他工作中，同事之间的紧密配合与积极协同是非常重要的。而要做到这一点，就要求我们所有的同事必须要做到客观对待彼此，要善于发现对方的优点，遇到问题纠纷或者误会争执要多从自身找原因，唯有如此，方能形成良好的办公室氛围和同事关系，才能形成一个有战斗力的团队，才能在纷繁复杂的市场竞争中形成合力做好投标工作，为公司赢得更多的项目。

另外，我们的业务员比较多，而且大家的业务区域范围基本都在四川省内以成都地区为主，这就不可避免会在投标项目资源上发生争抢。由于公司对业务员实行的是基本工资加提成制度，项目资源与大家的切身利益息息相关，因此这种投标项目的争抢往往容易产生矛盾冲突。当然，公司市场部对此也有相关规则予以具体规范，从制度上尽量力求避免此类矛盾冲突的发生，但是在具体执行过程中还是需要我们的业务人员以客观对待他人的态度，尽量多沟通协调，以和谐的方式解决问题，在市场部内部营造一个团结向上的良性竞争环境。

## 三个办事准则

把事情办对，这句话乍一看觉得是一句废话，试问谁不想把事情办对？但仔细琢磨其内含深意：都想把事情办对可为什么有那么多人又办不对呢？前面已经说了建筑业经营业务人员普遍学历不高，专业知识能力一般，以往都是凭着多年积累的一些人脉资源靠着吃吃喝喝轻轻松松地就把业务做了。然而现在的市场环境变了，建筑业方方面面都走上了规范化、专业化、正规化道路，在招投标领域不懂相关法律法规、政策和规则，没有基本的建筑专业知识，已不可能像以前一样随随便便地中标项目。把事情办对，对经营业务人员来说，主要就是要中标。而要达到这个目的，除了前述需要我们具有相关专业能力以外，还需要我们勤于思考、善于思考，从项目招标文件应该怎样编制，公司的投标策略的制定，投标文件的制作清单如何编制才能把项目利润最大化等一系列的问题都要仔细研究，反复推敲以拿出最为稳妥的方案。“凡事预则立，不预则废”，这是我们把事情办对的最基本条件。

把事情办成，对经营业务人员来讲就是要求我们做事一定要善始善终。投标工作千头万绪，一定要善于把握住关键问题和事务的主线，要讲究做事的方式方法。一旦投标方案、经营计划确定了，就要按要求坚决而又有技巧地予以执行，直到最后取得圆满的结果。当然，历尽努力最后结果仍然功亏一篑的事情也不少见，对此我们要善于总结经验教训，在以后的项目投标时要避免犯同样的错误，这样才能不断提高个人和团队的投标水平，方能在市场竞争中立于不败之地。

把事情办好，对经营业务人员而言就是不仅仅要强调中标项目的数量和金额，相比而言，其实中标项目的质量更为重要。中标项目质量，一般来说是指工程项目的利润和专用合同中的支付条款、调价调差条款等。如果项目利润很低甚至本身就是个亏损项目，或者利润低付款条件还不好，施工过程中需要垫付大量工程款，承接这类项目往往会给公司带来巨大的风险，不仅仅是经济亏损，通常还会伴有大量的法律诉讼以及一些社会负面影响事件。公司市场部站在项目经营风险控制的最前端，如果不把好关，会给公司其他部门后期的过程管控带来极大的难度，而且往往这种风险大多数都是不可逆的。因此，公司经营工作不能一味贪多求大，必须注重中标项目的质量，做好经营风险的事前控制。

以上是个人对中诚投企业文化核心思想对市场经营工作的指导意义的一些浅知拙见，供大家参考。由于个人水平有限，理解也偏于肤浅，有错误与不当之处敬请批评指正。

践行企业文化之

# 成本管理篇

左沂鑫/文

加强项目管理，强化成本管理，

保障项目收益是每个建筑企业都必须

掌握的生存法则。

建筑工程项目成本管理是

整个工程项目管理的核心，

是为企业创造经济利益的根本保障。

## 一、企业文化的核心价值观、愿景

中诚投以“格物致知、诚意正心、自强不息”为企业文化核心，以“为社会贡献价值、为员工实现价值、为客户创造价值、为公司提升价值”为企业核心价值观，以“创建值得信赖的百年建筑企业”为企业愿景，在践行企业文化中我们按“三个客观对待”做人，遵循“10字方针”，按“三个办事准则”做事来要求自己。

## 二、建筑工程成本管理的核心

成本是人们在进行生产经营活动中，必须耗费一定资源的体现。我们是一家建筑施工总承包企业，要实现企业的经济利益就必须清楚，建筑工程项目才是建筑企业的落脚点和经济效益的源头，管理好工程项目的成本才能有效提高企业的经济效益，这也是建筑工程企业经营的根本目的。建筑工程项目成本是指在建筑工程从最开始的设计投标阶段直至工程竣工所花费的总支出，建筑工程项目成本从始至终贯穿于整个工程项目的建设期，成本管理的目的便是要实现建筑工程项目成本最小化，企业效益最大化。因此，建筑工程项目成本管理是整个工程项目管理的核心，是为企业创造经济利益的根本保障。建筑工程项目成本可以分为直接成本和间接成本，按照管理的阶段来划分还可分为预算成本和实际成本。

## 三、现阶段建筑企业成本管理的现状及存在的问题

我们国家正处在经济发展的高速阶段，因此大量的基础设施建设使得整个建筑市场呈现出蓬勃发展的繁荣之态。很多建筑企业为了快速占领市场，普遍存在重视施工实体的管理却轻视工程的经营管理。

### （一）项目经理成本管理意识薄弱

很多建筑工程在施工前并没有成本计划，即使有些项目制定了成本计划，在具体实施阶段也没有引起重视。项目经理对成本管理的了解不够，通常只是凭借个人经验管理项目成本，缺乏比较全面的管理制度，各项管理措施也无法落实。由于管理意识不够，导致项目成本失控，最后项目核算才发现项目亏损。

**（二）预算成本与实际成本严重不符**

有些项目建设初期制定了成本计划，在实际施工中却没有将实际发生成本与预算成本进行核对验算的过程，导致预算成本根本没有在施工过程中发挥指导、监督作用，成本管理流于形式。项目竣工进行成本核算才发现预算成本与实际成本相差甚远，但项目成本已成事实，无法更改。

**（三）缺乏成本管理的具体落实措施**

很多建筑企业已经开始做成本计划了，但是在工程实施阶段却不知道怎样将预算成本中的量、价在项目管理中具体量化为措施用于项目管理，导致材料的消耗、采购价格均高于预算成本，预算成本根本没有在施工期间起到管理和制约作用。

**（四）成本管理缺乏长期性和战略性**

成本管理是既要重视结果更要重视过程的一种管理措施，往往结果的表现就是过程管理，过程是结果的直接原因。很多建筑施工企业只重视最终的成本是否在控制目标以内，却不重视在实际施工过程中将实际成本进行有效监控。因此在施工过程中出现的问题也不能进行总结复盘，无法对以后的项目成本管理工作起到科学的指导作用。还有很多建筑企业特别重视项目成本战略目标的制定，这样可以满足企业经营管理的流程和发展战略目标要求，但战略目标制定出来，却没有贯彻落实到实际施工过程中，或者沿用过去经验没有考虑现阶段的市场环境因素、工期要求、施工现场特点等，使战略目标流于形式，最终整个项目的成本管理无法达到预期目标。

### （五）非生产性支出过高

非生产性支出主要是指项目成本中的间接成本部分，项目管理团队人员的工资支出、项目部的运营成本支出、必要活动的经营支出、与施工相关的各方协调支出等需要有严格的财务审查制度、人力资源制度等相关管理制度进行配合完成。

综上所述，中诚投建工集团在总结以往经验的基础上克服诸多困难，推出了符合中诚投发展特色的成本控制管理模式。

## 四、成本管理措施的落实

就目前建筑行业的大环境来看，我们的工作不能仅局限于成本管理，更需要着力于项目实施阶段的风险管控。在项目实施过程中会因为多种因素导致项目出现风险，例如项目规模的大小、建设资金的来源、项目的利润率、进度款的支付比例、项目管理团队能力、施工进度的控制、工作面的交付时间、质量与安全事故的发生、不合理压缩规定工期等。以上所述任一要素都可以直接导致项目成本的增加，项目预期利润的减少。要做到有效控制工程项目成本，提高项目抗风险能力，保证项目向下履约合同签订有据有序，财务支付通道合理合规，及时准确地控制项目目标成本，做到实施初期心中有数，实施过程管理有据，实施结束有例可循。在当前营改增的税制改革大前提下，我们提出了以“成本可控、收支平衡、支付真实”为核心管理理念的成本控制管理模式。为实现我们的核心管理理念，将分以下三个阶段来执行成本管理措施。

**（一）开工初期（计划）**

项目在实施初期按要求编制《成本控制方案》，即依据“投标工程量清单（量、价）和施工图”编制的项目工程成本组成明细，包括劳务分包、材料采购、机械设备租赁、各类专业分包、检验试验费、其他费用（水、电费等）。《成本控制方案》作为向下合同的签订及工程款支付的依据，应保证其编制的合理性与准确性。这就需要成本人员按照“三个客观对待”即客观对待事物、客观对待自己、客观对待他人的原则来完成这项工作，只有秉承实事求是的精神，才能编制出可执行性方案。因此每一项成本的工程量都要求我们按照施工图纸结合工程量清单反复进行核算，准确得出完成该项工作的实物消耗量。相应的每项价格则需要我们遵守市场行情客观定价，确保每一项成本价格都在正常市场行情范围以内。只有这样我们才能做到实施初期心中有数。

**（二）实施过程（纠偏）**

1. 招标

《成本控制方案》编制完成后需要项目部根据施工进度总控制计划编制出招标计划并交由相关部门备案。成本人员根据招标计划有序审查项目的招标文件，根据以往的合作经历、同行推荐及网络媒介等多种渠道获取下游供货商资源，再通知潜在投标人参加投标，同时参与整个招标活动。严格保证招标工作客观、公正地完成，使每一项成本都能在市场行情内并且选定具有竞争优势的合作单位以达到优化成本的目的。整个招标活动需要我们成本工作人员以“三个客观对待”的原则进行评标、谈判、定标，以达到将事情办对、办成、办好的工作效果。

2. 向下履约合同

招标完成后即开始向下履约合同的签订，这是项目成本实际发生的开始，也是成本管理工作最关键的一步，因此还需要对每个向下履约合同进行审查。

合同审查要素如下：(1) 合作单位是否在资质许可范围内承接工程；(2) 合同单价是否与市场行情价相符，若超过市场价应及时修改合同单价；(3) 工程量是否与工程量清单相符，若有差异需与成本人员重新核算；(4) 保证合同量、价在成本控制方案以内，若超过成本控制方案预估金额，及时调整成本控制方案，保证整个项目的目标成本可控；(5) 结算方式的约定是否清楚明了，有歧义要及时修改，保证结算清楚无争议；(6) 支付方式的约定要与施工合同中工程款回收额度适配，保证整个合同在施工期的支付无资金断档风险，同时针对必须有质量保修要求的分项工程，要有质保金的扣留额度体现；(7) 关于专业分包分项工程，分包合同要有清晰完整的质保条款约定；(8) 劳务合同按照工程量清单明细签订，不采用建筑面积包干的总包形式；(9) 合作单位财务信息（税号、开户行、账号）填写完整；(10) 合作单位非法人签字的需出具法人授权委托、附法人及委托代理人身份证复印件，加盖公司公章。在审查向下履约合同时，我们必须遵循客观实际，用严谨、审慎的态度完成这项工作，以达到从合同源头上规避风险，控制项目成本。

3. 支付

在已签订向下履约合同的基础上，需要对已经实际发生的合格消耗（完成）量进行支付。首先应核查向下履约合同是否审批完成且签字盖章完整与否；其次是根据现场完成的形象进度核定项目完成产值；最后再核对向下履约合同支付条款中约定的支付额度是否相符，以上几条均满足即可完成支付审查。

因此，在支付审查环节至关重要的一点是项目已完成产值的核定，需要根据现场实际形象进度计算实物消耗量并结合工程量清单的价格编制完成月进度产值报表。同时还需根据当月材料送货单、中间结算单、对账单、出入库单、盘点库存编制完成月材料报表。这两个报表都需要经过成本人员核实完成，才能成为向下履约合同工程款支付的依据。

向下履约合同的签订和支付审查是整个成本管理工作的核心环节，只有做到实事求是地完成合同审批和产值核定，才能真正做到“收支平衡、支付真实”的管控目的。

4. 纠偏

项目实施过程中，当成本控制方案与实施项目发生不符时，若预估金额大于实施金额，可以在该向下履约合同履行完毕并办理分项结算后，将大于该分项合同结算金额的资金归入目标成本可调配金额中。若预估金额小于实施项目合同金额时，可以将其他分项合同的结余资金调至本项目合同中予以补充；若多次出现预估金额小于实施项目合同金额时，应立即停止向下履约合同的签订和工程款项的支付并及时到现场核查原因，确定是量超还是价超，再根据具体原因给予解决方案。

若是工程量超过预算工程量则需要查清增量原因（工程量计算是否有误；设计变更增加工程量；返工造成工程量增加等），根据增量原因适时调整成本控制方案。若是变更增加工程量必须核查是否有完整的变更手续，其他原因根据具体情况予以判断处理，保证每一笔支出的确定性。

若是市场价格波动引起价格上涨，情况属实可以适时调整成本控制方案。若核查现场情况不属实或是违规操作引起的成本增加，则应拒绝该项成本的支出，由责任方自己承担。

因此，要保证项目成本控制方案始终在一个合理动态的环境中循环。我们既要让项目正常有序地开展生产活动，同时又要使项目成本始终保持在一个健康良性的可控状态。

**（三）竣工结算（总结）**

项目竣工后期的成本管理工作即竣工结算、成本固化。竣工结算书应在施工合同约定的时间内按时报送相关责任主体，当结算送审时间在合同中没有约定时，应在竣工后及时编制完成并报送相关责任主体，以达到缩短结算周期、加快资金周转的目的。

项目竣工前要求分阶段对已发生成本进行复核验算，以保证竣工结算书编制的准确性和完整性。编制竣工结算书前应及时将图纸会审纪要、技术核定单、设计变更资料、材料设备认质核价资料、经济签证资料、补充协议等相关经济资料编制完成并完善相关责任主体签字盖章手续。

对已发生的成本及时办理分项结算，完成项目成本的固化，并将图算工程量、清单工程量、向下结算工程量进行对比。对于图算工程量小于或大于向下结算工程量的项目，分析其产生原因并形成书面的对比报告。同时分析出本项目的每个分项工程的单方造价占比并形成报表录入数据库，为今后的成本管理工作做好数据支持。

## 五、企业文化与成本管理

成本管理工作一路走来经历诸多坎坷，项目管理团队能力参差不齐，导致很多项目管理团队没办法跟上规范的管理进度和流程，向下履约合同的签订与支付的审批跟不上现场施工进度；税制改革之前的一些老项目，由于项目监管力度不够，进度产值超付后期需要退款；项目成本远超市场价等原因导致企业出现亏损和合同纠纷，诉讼不断。在种种困难的考验下，我们需要思考今后怎样走下去。这时候就需要企业文化给我们指明方向，需要企业文化让每一个员工认同我们企业的愿景，树立我们的信念，给我们的企业注入灵魂。成本管理需要具备认真、细致、严谨、负责、廉洁的职业精神才能达到预期的工作效果。在每个项目成本管理个案中，无论是在开工初期的计划阶段、实施过程的纠偏阶段还是竣工结算的复盘阶段，我们都会面临各种各样的困难，每当这时候我们都必须秉承

“三个客观对待”做人、“三个办事准则”做事、发扬自强不息的精神才能战胜一个个困难，完成我们的工作任务。只有员工按照我们的企业文化树立自身的职业道德修养，才能将个人的力量汇集起来为企业的发展贡献力量。

那么怎样将企业中的个人力量汇集起来呢？将成本管理工作衍生为“如何做好工作”这个课题，我常常思考其中的真义。大到一个企业，小到每一项具体工作，要想达到理想的工作效果，其终极目标是达到“通”的境界，即“顺势明道，通达无碍”。

“顺势明道”是以客观角度思考全局，懂得顺势而为，才能事半功倍。如果你处在某一个阶段，具备了某些条件，在做事的时候根据这些条件顺势而为，这叫作顺其自然，这样做下去就会收获一个很不错的结果，是符合了自然规律而得到最好的一种状态。

“通达无碍”是人的主观世界和客观世界相互交融的过程中，若想做到主观世界影响客观世界，必须要在主观世界拥有强大的心灵智慧和力量，这样才能拥有影响客观世界的能力。

以我们现在的客观世界案例来讲，无论是谁做事，首先都是要自己具备德行的同时，要有稳定的心境，要把外在的名利等全部忘掉，这样才能做成大事。如果不能做到这点，即便有一时的成功，也不会长久。

在我看来，一个健康充满活力的企业应该具备的特征，除了有正确的愿景、持续而灵活的战略、健康的公司治理结构、可以胜任并能学习进步的团队、安全的资金链、完备的管理制度，还有科学的决策机制、有效的风险防范机制、持续完善的企业文化和对社会的责任承担。

**第一是文化的认同**。在先进企业文化的强大凝聚作用下，通过对企业文化的宣贯、学习、分享、总结，把全体员工凝聚在一起，并为员工们提供一种共同的、先进的价值观，即“格物致知，诚意正心，自强不息”。我们的工作就是一个不断认识客观事物并寻找其内在发展规律的过程，用探究事实根本的精神做到修身律己，为企业的发展贡献一份自己的力量。

**第二是政令畅通**。政令有效与否的前提是对政令的传达是否畅通。作为成本管理工作的核心管理理念，即“成本可控、收支平衡、支付真实”，在遵循这一核心管理理念的目标下，全体成本工作人员要做到政令统一、行动一致，服从领导的安排和严格按照部门规章制度执行。同时加强执行效率和效果，消除各自为政、凭个人好恶办事等致使政令不畅的乱象。领导对下级的指令，无论是口头的、书面的都应清晰完整地传达至每一个人。违反管理制度的情况禁止执行，坚决制止，真正做到有令必行。

**第三是管理的流程和制度贯通**。从项目投标阶段开始就要进行成本测算，在源头上开始管控风险，以保证每一个项目有足够的利润空间，坚决制止低于成本价报价的情形。中标后开工初期，严格按照审批流程完成成本控制方案的编制审核；按照合同评审流程完成向下履约合同的审批；根据产值审批流程完成项目进度产值复核，为下一步支付工作打下基础；同时财务人员要严格按照相关管理制度规定，对成本发票进行收集核对，根据付款流程及支撑资料完成支付审批；根据已发生成本完成向下履约合同的分项结算办理。在施工过程中根据实际发生成本对成本控制方案不断地进行复核、纠偏，项目竣工后办理竣工结算并完成成本固化。综上所述，整个项目的成本管理流程和制度都必须融会贯通于整个项目建设周期内，每一个环节都不可或缺，环环相扣，少了任一环节都不能按目标成本实现项目的预期利润。

**第四是工作流程要畅通**。无论是市场经营工作、生产安全工作、质量技术工作、成本管理工作、财务管理工作还是综合行政管理工作等各职能管理部门都要有严格的工程流程制度，流程畅通才能使企业按照发展战略正常运行。从公司层面来讲，根据公司发展战略制定的年度目标，须层层分解落实到每一个人身上，才能将领导层的决策贯彻到底。从项目管理层面来讲，项目投标阶段开始的现场踏勘、市场调研、成本测算、制定报价方案直至工程量清单编制完成；项目实施过程从开始的建立项目团队、商务谈判、施工组织直至竣工决算整个工程建设全生命周期都需要按照既定的流程进行。保证每一项工作流程制度的畅通无阻、有条不紊才能让项目建设按照既定目标稳健地运行起来。

**第五是人际关系畅通**。树立服务意识，保证优质服务。出现任何问题一定要及时沟通、及时协调，不能拖延推诿，要及时解决，不能让问题发酵、扩大。

对外要与客户、项目部、分公司保持良好沟通协调关系。与项目部、分公司保持良好有效的沟通，保证公司的决策能在项目部、分公司有效执行。

对内与公司各职能管理部门之间保持紧密、良好的协调配合关系，加强横向联动以让问题得到及时有效处理。同时管理层也要加强与员工的沟通，员工对工作现状不满，就会缺乏信息的反馈与参与决策的机会，致使工作中缺乏更多的激情。

协调是“通”的关键，生活中协调的方式多种多样，有口头的、书面的、正式的或非正式的沟通等，例如电话、讨论、开会等都是协调，以解决工作中遇到的问题。现实工作中我们遇到的问题都不是一个职能部门能解决的，往往需要协调各个职能管理部门才能得到有效解决。例如某项目施工进度滞后，这时不仅需要工程技术管理部门在管理组织上给予支持，也需要成本部门在成本计划上给予支持，同时还需要财务部门在资金上给予支持。各职能管理部门统一协调，在目标一致的情况下才能将延误的工期抢回来。在现代企业管理中，有效沟通成为平衡和调节员工心理的有力杠杆，是企业管理的重要手段。一个企业要更快、更好、更强地发展下去，需要在企业内部实现有效的沟通。

一个企业要提高其核心竞争优势，就要不断向“通”境努力，从企业文化的认同、制度和流程的贯通、工作流程的畅通、人际关系的畅通等几个方面都要达到畅通无碍，这样的企业才是一家生机勃勃、可持续发展的企业，才是创建百年建筑企业愿景的基石。

## 六、成本管理在建筑企业中的意义

当前建筑行业处在一个高速发展的阶段，施工总承包企业急速增长，而基建项目建设处在一个相对饱和的状态，使得建筑企业必须在竞争中求生存。建筑企业的特点是产品生产周期长、规模大、复杂多样，在经营管理中总是存在这样或那样诸多不可控的风险，所以加强项目管理，强化成本管理，保障项目收益是每个建筑企业都必须掌握的生存法则。因此，成本管理工作任重而道远，需要在各个项目管理中不断地总结经验，强化内部管理措施，使成本管理成为建筑企业发展的基本保障。

践行企业文化之

# 财务管理篇

戴体达/文

财务管理人员需要有风险把控、

高效执行、知人善任的个人专业能力，

也需要有合法合规、廉洁自律、

公平公正的职业操守，

更需要有敬业务实、积极阳光、

心怀感恩的文化认同。

## 文化之基　知行合一

文化是企业的立身之本，也是组织的灵魂，优秀的企业文化塑造着团队愿景、凝聚起组织氛围、担当着共同使命。

中诚投历经 18 年的艰辛发展，在董事长的思维方式、处事方式和管理理念影响下，在全体中诚投人日复一日、年复一年的辛勤工作中经过提炼、归纳与总结，逐步形成了以“三个客观对待”做人与“三个办事准则”做事为基础，以“格物致知，诚意正心，自强不息”为核心的企业文化。优秀的企业文化可以说是企业尤为重要的“无形资产”，是企业软实力的象征，更是企业一笔不可多得的精神财富。企业文化建设不一定能够给企业带来直接的经济效益，却可以助推企业品牌价值提升，是推动企业发展与变革的“定心丸”与“催化剂”。企业文化影响着企业生产经营各个环节的开展和结果，既引领着每个新加入的员工，也不断影响着原有的老员工。

优秀企业文化的塑造与沉淀，在于能够做到上下同欲、知行合一。若在传递过程中疏于管理，文化将难以清晰呈现，更难以获得员工内心认同；若缺少日常管理与业务经营中的落地执行，则不能发挥其凝聚组织、助推企业的价值。

内化于心，“知”并“信”；外化于行，“信”并“行”，高效的文化渲染，让中诚投文化深入人心。通过企业文化上墙、上桌，让文化渗透在日常不经意的细节之中，耳濡目染，“抬头即文化”；通过集中组织的企业文化宣讲会、每周的企业文化学习心得体会分享以及企业文化宣讲进项目等不同方式、不同途径的宣传报道，做到几乎不间断的宣贯与复盘。企业文化深入人心，真正做到了“人人懂文化”。但企业文化真正发挥作用，在于有效管理应用、影响组织“气场”、牵引组织行为。

## 行有镜鉴　价值共生

对个人而言，在职业发展道路中，我们都需要一面“镜子”，映射自己的不足、指明提升的方向，而中诚投企业文化就是这样的一面“明镜”。作为企业的财务管理人员，既要专业够强，更要人品过硬。按“三个客观对待”做人与“三个办事准则”做事刻画了一个个可借鉴的优秀画像。个人的认知逐步从主观判断向客观评估转变，日常工作有了明确的行为宗旨。

“三个客观对待”告诉我们，作为企业的财务管理人员需要有风险把控、高效执行、知人善任的个人专业能力，也需要有合法合规、廉洁自律、公平公正的职业操守，更需要有敬业务实、积极阳光、心怀感恩的文化认同。“三个办事准则”告诉我们，把事情办对需要专业的业务能力，把事情办成需要敬业的职业道德，把事情办好需要乐业的奉献精神。

“问渠那得清如许，为有源头活水来”，企业财务管理专业性强，财税政策更新快，这些都促使财务管理人员不断去学习财税新知识、新政策，不断提高自身专业素养，为办对事情的正确决策提供最专业的支撑。“业精于勤而荒于嬉”，爱岗敬业是社会主义职业道德的最基本要求。有人“当一天和尚撞一天钟”，应付差事敷衍了事，当起“差不多先生”；有人“板凳甘坐十年冷”，日复一日地简单重复并寻找办法，在勤勤恳恳的基础上创新创造。敬业需要员工自身的责任心，财务管理工作琐碎且更需细致，对待工作不同的态度，很大程度决定事情办成与否。“知之者不如好之者，好之者不如乐之者”，乐业是把事情办好的无限力量源泉。梁启超先生在《敬业与乐业》文中曾有论述：“凡职业都是有趣味的，只要你肯继续做下去，趣味自然会发生。人生能从自己职业中领略出趣味，生活才有价值。”大学会计专业课上老师说：“选择了会计，就选择了辛苦。”我对这句话至今仍记忆犹新，财务管理工作枯燥且重复，只有找到工作中的乐趣，内心才会对工作产生认同，最后工作会变成你人生不可或缺的一部分。专业与敬业有利于把事情办对、办成，帮助企业与员工走得稳；乐业则是赋工作以意义，有利于把事情办好，使企业与员工走得更远。

“皮之不存，毛将焉附”，企业的发展离不开员工的辛勤付出，员工的成长也同样需要好的平台，只有互惠互利、互相成就才能达到价值共生。

## 合法合规　制度引领

“凡事预则立，不预则废”，财务管理部门需根据国家法律、法规、政策与集团公司规章制度，规范指引集团公司科学合理开展全面预算管理，监控预算执行情况；及时、准确核算集团公司各项经济业务，提供真实、准确、完整的会计信息；定期进行财务状况分析，评估公司资产质量、偿债能力、营运能力、盈利能力等指标情况，为集团公司的正常经营生产活动提供资金、财务信息、税务筹划等服务支持，努力实现效益最大化，促进集团公司更好、更快发展。

“不以规矩，不能成方圆”，执行力是企业核心竞争力的体现，工作流程是提高企业办事效率的重要手段。企业如果没有一套科学的执行体系和规范化的执行标准，不把日常管理中的每项工作通过具体的管理工具落到实处，则一切都会浮于表面、流于形式，成为

“表面化”和“形式化”的管理。

企业管理手册之财务管理篇的编制，适应集团公司全面管理体系发展的需要，是集团公司管理体系中的重要组成部分。从部门职责、岗位职责到制度流程进行了整理、汇编，对财务管理的各项工作，包括财务基础工作管理、资金管理、税务管理、应收款项管理、财务档案管理等内容进行了详述。通过制定清晰的岗位职责，使“人”“事”合一、“岗适其人，人适其事”。把每项工作的职责清晰化，再以集团公司制度的形式予以规范，给出履行职责时的制度依据，最后以流程的形式明确执行的过程和步骤，既提高了工作效率，又强化了制度管理。

制度是标准化的前提，流程是信息化的基础，只有通过坚持“制度管人，程序办事”的管理思路，才能逐步形成“规矩至上”的管理意识，最终才能达到高效执行的管理风格，助推企业的价值提升。

## 风险防范　现金为王

现金流是企业的血液，虽然企业最终是以盈利为目的，但是没有现金流的利润终不是真利润，没有持续稳定现金流的企业也终将灰飞烟灭。现金流管理贯穿于企业财务管理的方方面面，资金风险管控更是财务管理的重中之重。项目部作为施工企业最末级的组织机构，是企业利润的主要来源，更是企业经营性现金流的重要来源。

如何更加客观理性地做好施工企业项目现金流管理，需要我们财务人员一直去追寻与思索。首先，从市场承接项目的源头进行风险把控。在招投标阶段需要充分考虑合同付款条款，对业主资金来源与资金实力做好充分研判评估，对于垫资周期长、垫资金额大的项目，即使项目最终有利可图，也应谨慎承接。同时做好项目全周期现金流测算工作，对于项目实施过程中可能存在资金缺口的时点与金额需要有准确的预判并提出切实可行的补缺方案与措施。其次，在项目中标后的施工过程中，实施项目资金年度、半年度、季度、月度预算滚动管理，在项目履约过程中做好现金流的动态管控。重点关注并做好项目月度资金预算，按月通报月度资金预算执行准确率排名，关注预算收款准确率较低的项目，同时针对剔除内部借款、项目自筹（外部输血）等资金后项目经营性现金净流量（自身造血能力）偏低甚至为负值的项目做好资金预警通报机制，要求项目分析原因并制定相应措施，保证项目日常生产经营活动的正常开展，维持企业现金流的持续稳定。再次，落实好项目催收清欠管理环节，将催收清欠纳入日常财务管理中来。定期召开催收清欠专题会议，分析落实拖欠款形成的原因，按照“定目标、定时间、定责任人”三定原则形成专项工作方案并严格考核兑现清欠成果，降低低效、无效资产的产生风险。对于久竣未结与业主恶意拖欠的项目可以诉诸法律，充分利用好施工企业优先受偿的权利，有效防范资金风险的进一步扩大。最后，拓宽企业融资渠道，有效应对资金风险的发生。做好企业与企业法人的征信维护工作，充分理解国家相关融资支持政策，积极对接各类融资机构，有效开展包括但不限于资产证券化、商票、应付账款保理、信用证等融资方式，降低企业生产经营面临的阶段性现金流压力。

## 履职尽责　敬业务实

做事先做人，做人就要做企业需要的靠谱人。股神巴菲特曾说："靠谱是比聪明更重要的品质。"靠谱，说起来简单，做起来复杂。世界上聪明的人太多，靠谱的人太少。"三个客观对待"能够引领我们成为企业需要的靠谱人。如何成为靠谱的财务管理人员具体可表现为如下"四有"特质：有交代、有落实、有反馈、有总结。

**有交代：**日常工作中我们常会遇到这样一些情况，有些人满口答应的工作，却经常无法按时交付，并且还有各种借口。有些人承诺过的事，过后就没了下文，你不问他就当没说。没有契约精神，既不重视自己说过的话，更不重视他人的处境和感受。作为各级管理者，或许需要反思：其实这可能不是员工执行力不强、能力不行，而是一开始交代工作时就出现了偏差。为了避免出现与自己预期不符的情况，交代工作时，可以参照SAMRT（Specific明确性、Measurable衡量性、Attainable可接受性、Relevant实际性、Time-based时限性）原则向被交代方清晰讲述任务，以便落实到位。因此，"有交代"这个过程显得意义重大，不可不重视。

**有落实：**管理的实质就是承诺，承诺目标，承诺措施，承诺合作。有了承诺，管理才能够真正具有有效性。承诺了要去达成交代的工作目标，过程中首先要有落实。“有落实”突出的是结果导向，可以理解为“有执行”，强调的是完全彻底地执行，理解了要执行，不理解也要执行，边执行边理解，确保工作顺利推进，按节点完成工作计划。“一分部署，九分落实”，“有落实”需要我们真的落到实处，就是要亲力亲为，抓铁有痕、踏石留印，一抓到底，落实落地。同时，要确保不仅仅是完成任务，而是交付有质量的“成果”。

**有反馈：**工作中对一些比较简单的工作任务，需要一个结果，不管是好的还是不好的，完成了还是没完成，都要有一个反馈。有些重要的工作我们不仅需要在约定时间内给予反馈，还应该及时沟通，做好过程中的阶段性反馈，在重要节点上反馈工作进展，以便于获得相关的意见和支持，可以及时进行纠偏，这也是及时反馈的好处。同样，个人在做事情时预设的目标和期待的结果之间，也需要时时建立起自我反馈，通过对过程中问题和资源的时时整理调度，从而知道自己如何能更稳当地得到预期结果。企业中的每一个个体都有存在的意义，都背负着指标与任务，而“有反馈”就能让完成任务的艰苦过程变得更加顺畅。

**有总结：**一项工作完成的终点不是结束的那一刻，而是复盘总结，复盘的一个核心是“不断精进”。很多时候工作经验不能用时间来衡量，有些人工作十年不是拥有十年的工作经验，而可能是一年的经验用了十年，更多的是十年的工作经历而已。所以不管大事小事，做完之后养成复盘的工作习惯。简单的事情就在脑子里简单复盘，总结一下得失；复杂一点的事形成书面报告，总结改进务求下次做得更好。复盘的过程就是一次“修炼”，它可以让你自己思考很多问题，发现你开始可能没注意到的优点和好方法，以及你没注意到的一些需要改进的地方。这个“有总结”的过程可以让我们受益无穷。

## 结语

文化兴企，实干兴业，集团公司正进一步完善与丰富企业文化广度与深度，将“闯、法、责、俭、和、通”六字的要求真正作用到团队管理和业务经营中。我们要有“勇挑重担，争创一流”的精神；我们要有“制度管人，程序办事”的规矩；我们要有“履职尽责，有位有为”的担当；我们要有“厉行节约，勤俭办企”的意识；我们要有“志同道合，和而不同”的理念；我们要有“居安思危，行稳致远”的通透。

在今后的工作中我们将认真践行企业文化，做中诚投企业文化的传播者，立足岗位，真抓实干，为集团“创建值得信赖的百年建筑企业”伟大愿景添砖加瓦，贡献属于财务人的一份力量。

践行企业文化之

# 商务管理篇

孙溶/文

商务人员要提高三个意识，

即管理意识、市场意识、风险意识。

在责权明晰的基础上，提高自己的责任心，

将企业利益放在第一位。

儒家经典《大学》有云："古之欲明明德于天下者，先治其国；欲治其国者，先齐其家；欲齐其家者，先修其身；欲修其身者，先正其心；欲正其心者，先诚其意；欲诚其意者，先致其知，致知在格物。"总而言之，这便是"正其心，诚其意，格物致知，自强不息"。在集团商务工作中，这几个字也始终是我们待人接物、做人做事之道。下面我们将结合多年工作实际情况谈谈商务人员是如何将这几个字落实到日常工作之中的。

## 商务部工作的内容及特点

商务工作在集团又快又稳的发展中扮演着举足轻重的角色。一是需要在项目投标阶段完成各种数据分析工作进行成本预测，以确保提升项目中标率及中标后项目商务工作的快速开展；二是需要在项目实施过程中组织项目各部门通力合作、协调发包方工作关系、领导商务人员做好各类日常工作，为项目快速结算打下良好的基础，亦为项目盈利埋下充分的伏笔；三是商务工作需要在项目结算阶段组织项目各部门就项目结算资料的编制、归档及报送起牵头作用，以保证项目达到预期利润的同时快速回收资金。

商务工作具有“金额大”“动态”“差异化”“层次性”等特点，故在工作中我们更需要拥有“格物致知，诚意正心，自强不息”的精神才能圆满完成各项工作。

## 商务工作如何开展落实

### （一）商务工作需了解的知识面

在项目实施的过程中，我们几乎每天要和图纸打交道，需要了解图纸的各个标识说明、线路走向、标高等。识图读图是算量的基础，所以至关重要。如果看不懂图纸，那算量准确就无从谈起，这是作为商务人员不可或缺的基础技能之一。当然除了会识图以外，我们还需要了解国家施工规范，包括各种施工图集、施工规范等，在这些基础上，才能够“会算量、算好量”。在学会算量的基础上我们还需要懂施工工艺，否则在计价套定额的时候，会时常出现因对工作内容不清晰，造成缺项漏项的情况。而且，在做装饰装修工程期间，有时会出现设计给出的装饰做法不知道要怎么套才正确的情况，这就是对现场施工工艺不熟悉造成的问题。这就要求职工需要了解建设项目建设全周期从开工到竣工阶段所使用的施工工艺，为后期提升业务能力水平及长远发展打下坚实基础。另外，初级阶段过渡到造价的中级阶段后，我们需要全面考虑。因此，涉及的知识面更宽，那么也需要掌握财务及法律知识，例如财务中所涉及的税额抵扣及成本核算知识。

所以工程造价不仅是计量计价，还有造价管理。特别是在项目全过程控制中，我们肯定会涉及到合同和索赔问题，这就需要我们了解法律方面的知识，在有争议和仲裁时，能更好解决问题。

建筑业有一句俗话，叫作“做得好，不如算得好”，具备了专业知识，才是我们干好工作的基础，才能给企业创造效益，帮助企业更好地稳步发展。我们需要具备识图、算量、计价能力，熟悉施工工艺和简单的设计知识，另外，还需要了解财务、法律及心理学等方面的知识。由于员工并非一开始就具备了相关经验，这就要求员工通过工作时间不断积累经验、增长知识，然后再总结经验，并且形成相应的解决方法，这就是“格物致知”。

**（二）项目投标阶段商务工作的要点**

在建筑招投标阶段的商务工作中，战略也是十分关键的，因为建筑公司在市场竞争中除依靠他们的资质状况、业务情况等硬实力之外，招投标战略和报价技巧对于我们是否能够中标、是否能获得更大收益，同样具有十分关键的意义。我们获得一个招标文件后需要做好在报价前期的调查研究和信息搜集等工作。

第一要了解的是当地的市场状况，包括当地主材与辅材的价格、劳动市场的供需情况、劳务费用等。特别是要对当地机械设备与材料的市场情况进行详细了解。第二是要了解本工程项目情况，包括项目实施范围、工期要求、建设规模、工程款付款方式、现场施工条件及项目建设资金来源等。第三需要了解业主资金支付情况、是否存在拖欠工程款的历史记录、履约能力等。第四还需要掌握竞争对手的资料，只有了解对手的专业水平、业绩及以往投标报价的策略情况等，才能发挥自身优势，让投标文件充分体现企业的实力并有针对性地制定投标策略，提高中标率。

招标文件中关键性条款涉及到项目建设，因此，研究招标文件的关键性条款非常重要。投标报价一是需要参考招标文件各项条款进行报价，严格按照招标文件要求编制投标文件，在投标报价前做好调查研究及信息收集工作。二是依据生产技术部编制的工程施工组织设计及项目总进度计划进行报价。三是要依据前期已调研的当地市场价，快速准确地完成标前成本分析及项目全周期现金流测算，为集团对该项目投标提供准确的数据，以确保项目中标率的提升及中标后项目商务工作的快速开展。

**（三）项目实施阶段商务工作的要点**

项目中标后需要由拟任项目部依据投标报价、成本测算提供基础数据，提供施工方案、周转工具用量、机械设备配置，编制标价分离后，按照集团《项目目标管理责任书》，根据总包合同约定，结合集团具体要求签订目标管理责任书后开始项目运作。

在项目实施阶段的商务工作中，我们也需充分且客观地了解项目合同风险点、盈亏风险点等各种风险项，主要有工期风险、费用风险、质量风险、市场风险、投标报价风险等，组织并领导项目主要管理人员针对合同风险点、盈亏风险点进行识别。为了防范以上风险，在整个项目全过程管理中我们必须要做好风险管理，制定客观有效且切实可行的风险化解方案。一是做前期工作时，组织领导施工项目合同内部交底工作、内部分解履约责任，检查监督责任人履约能力，做好合同交底工作也是为了保障后期工作的顺利开展。商务人员也需要做好成本测算的工作，做好对项目整个施工周期的动态控制。二是对于建筑项目合同来说，要严格认真审查合同约定各项条款。由于合同约定了项目工期，故企业要在规定工期内完成施工，这是控制工期风险。在实现企业利益的情况下，要尽可能地节省成本，这是控制费用风险。同时，建筑合同中还规定了项目质量要求，若质量不达标，会造成返工扩大费用并且将会对企业造成影响。

针对以上情况，我们商务人员需要依据合同单价风险项及商务标、技术标等资料，对工程量、单价差异大的，可以设计优化的，施工组织设计等内容进行分析并编制商务策划书，根据项目人员职责分解策划内容，组织开展商务策划书交底，为企业效益提升打下坚实的基础。

在项目全过程管理中，我们商务人员需要做好本职工作，为今后的管理工作打下基础；及时、客观、准确地完成施工图预算编制，按合同向甲方申请进度款，办理变更签证等；实施分供方月清月结的结算工作，在分供方退场后快速锁定分供方最终结算金额，从而快速锁定项目成本，为项目快速结算打好基础。

目前建筑行业市场竞争激烈、合同条款要求严苛，签证索赔能帮助我们创造效益，减少损失。首先，我们商务工作人员必须熟悉签证索赔的发起与流程，并在过程中始终遵循“勤签证、精索赔”的原则。如果在施工过程中，由于甲方原因而增加工程造价，针对这种情况应该先办理签证，如果签证办理不成功则需要立即进入索赔程序。在工程索赔中应该尽量使用签证形式解决问题，减少索赔方式，减少总的索赔发生率。其次，在项目建设施工过程中，要注意做好证据资料收集工作，证据资料包括往来联系函件、签证、设计变更及会议纪要等。在签证索赔的过程中，必然会发生“签不到，不愿签”的情况。我们作为施工企业，为了企业效益，也应做到“不抛弃，不放弃”。商务人员在进行策划、签证、索赔工作时，除了要和内部各部门积极联动以外，与各方人员进行的沟通也非常重要。通过沟通，可以及时掌握业主、监理及设计单位的动态，为后续工作打下基础。尽管我们会遇到很多困难，但是我们应该用自强不息的精神来面对这些困难，挑战这些困难。同时将这些已解决的困难转化为经验，以便于在今后的工作中如遇到同类困难能顺利解决。

**（四）项目结算阶段商务工作的要点**

在项目结算阶段的商务工作中，商务人员工作需要务实、严谨并及时锁定成本、固定效益，按照施工合同、图纸、施工组织设计

（方案）等及时编制竣工结算，并保证结算书内容全面、准确，计价方式需要符合合同约定要求，工程量计算符合计算规则要求，注意不要有遗漏、组价不合理等情况，总结提炼后报送甲方。当然，在结算核对过程中，肯定是会发生争议的。双方对争议的部分应该协商解决，必要时，可以先对没有争议的部分进行确认，有争议的部分按合同约定、相关法规再进一步进行协商处理。待竣工结算经审计定案后，我们也需要分析项目利润的来源组成和占比等情况，为今后的结算工作打下坚实的基础。

## 总结

商务管理部门作为集团经营中不可或缺的一份子，在集团努力“创建值得信赖的百年建筑企业”的背景下，也同集团一起为社会贡献价值，帮助员工实现价值，为客户创造价值并提升公司价值。作为商务人员首先要提高三个意识，即管理意识、市场意识、风险意识。在责权明晰的基础上，提高自己的责任心，将集团利益放在第一位。其次我们需要在工作中以集团业务发展为中心，做到“三个客观对待”，即客观对待事物，客观对待自己，客观对待他人，在此基础上把事情办对，把事情办成，把事情办好。我们相信在集团统一领导下，商务的各项工作将取得更大的进步与提高。

践行企业文化之

# 工程管理篇

谭何/文

工程计划是一个闭环的过程，

它将项目实施阶段各目标串联在一起，

激发履约过程中各项工作的活力，

催化总工期目标的达成。

它是企业可持续发展的动力源。

“格物致知，诚意正心，自强不息”是中诚投文化“中枢”的核心。作为一家建筑企业，工程是企业的躯体。目前已形成的“计划”“技术”“质量”“安全”“劳务”五大职能线条是保障“躯体”正常运作的五大“器官”。

“人体二元，身心结合；心生智慧，身塑形体。”面对多样、复杂的工程系统管控，我们要抓住文化之魂并将其与我们的工作紧密地结合起来，学以致用，知行合一。

## 慧动于心-计划驱动

“心者，形之君也，而神明之主也，出令而无所受令。”中医之心，其用有二：主血脉、藏神志。

工程计划是一个闭环的过程，它将项目实施阶段各目标串联在一起，通过PDCA的原理，激发履约过程中各项工作的活力，催化总工期目标的达成。它是企业可持续发展的动力源。工程计划有两层含义，即制定计划和执行计划。

制定计划即“慧”，即明神志，定目标、定逻辑关系、定工作节点。企业文化中的“自强不息”就是靠自身的才智、力量，对工作、对事业不达目的永不罢休的精神。工程进度管控采用目标考核机制，通过合同工期确定项目总控计划，再将总控计划逐一分解成年、月度等阶段性计划。对于工期紧、任务重的中、高风险项目，还需以工作周、日为单位匹配科学、合理的针对性计划。

计划执行即“动”，它持续调节和推动履约过程中的各项工作，以达到有的放矢、如约而至的状态。它包括计划实施、计划检查和结果纠偏。

1. 计划实施。“知之非艰，行之惟艰”。任何工作，规划容易，但要按照其不折不扣地实施是不易的。我们以各阶段性计划为导向，在妥善考虑可能制约计划执行效能的各种风险因素后配置人、材、机等要素。

2. 计划检查（考核）。执行中，周期性地对照计划对现场执行情况进行检查（考核），从而督促各项目高效履约。要保证计划检查（考核）执行的刚性，切忌流于形式。为此，我们定期召开进度专题会，对检查情况进行通报、对执行难点出谋划策并在执行过程中做到赏罚分明，对于考核结果优异的项目，给予晋升优待、绩效调增等奖励；对于计划指标完成度不好的项目，找出其痛点并予以处罚，让各项目在竞争中学习竞争，在竞争中强化竞争。

3. 结果纠偏。计划执行过程中出现偏差在所难免。为此，公司定期对工期滞后的项目进行统计，并根据滞后程度对项目进行风险评级。低、中风险项目，要求项目部完善纠偏方案并督促其严格按方案进行纠偏；高风险项目，每日召开线上进度纠偏会，必要时进行驻场帮扶，直至消除滞后风险。“前车之鉴，后事之师。”纠偏后还将反复对偏差事件进行全过程回顾，总结得失，以不断地更新既有的原理和方法，在持续改进中与时俱进。

当然，除了传统的项目工程计划外，工作计划的管控原理亦是如此。它以公司周期目标、数据指标为导向，凝心聚力，催化各职能部门工作效能不断进步、工作成果不断突破。它包罗万象，使一切总能步调一致、游刃有余。

## 换新于肺-技术创新

肺脏吐故纳新，在排除浊气时，将氧气通过血液循环运送到躯体各个系统、器官中进行氧化反应，产生能量。它是加速体内细胞新陈代谢的动力源。

“科学技术是第一生产力。”近年来，随着建筑工业化的不断发展，智能化水平的不断提升，工程建造已逐渐由传统粗放的劳动密集型向先进精细的技术密集型转变。技术创新是企业的核心竞争力。在项目管理过程中，只有不断对已实施方案进行归纳总结，在深入调查研究的基础上，果断摒弃老旧落后的工艺流程，加快技术革新、推进技术创新，方能“自强不息，止于至善”。

“物有本末，事有终始；谋定而后动，知止而有得。”这是技术创新的前提，这也是“格物致知”。

“格物”即探究万物的客观规律。“一叶蔽目，不见泰山”。很多时候，我们容易被固有经验所左右，为此我们必须有“打破砂锅问到底”的决心。在施工准备阶段，就在充分做好调查研究的基础上，对可能影响工程安全、质量、进度的关键因素与环节进行识别，并根据识别结果编制风险管控清单及方案计划；再根据相应计划完成施工组织设计及各专项施工方案。当然，“格物”的主体不应是单一的，在相应文件初稿形成后，全员将对方案核心内容进行评审，对达到超危大等级或采用“四新”技术的专项方案须组织社会专家进行论证，广泛收集意见，以保证“格物”成果的客观性和准确性。在相关分项工程施工前，针对方案的重点、难点，由上及下，严格执行“两级交底”制度，应行尽行、应交尽交。

“致知”即从“格物”成果中汲取经验，对事物达到完善的理解。实施完成后，针对该分项工程施工方案实施中的优缺点及适应性、针对性，多角度、多层次地进行剖析，总结经验得失，形成技术总结报告。在此基础上，技术人员要敢于质疑、凡事多问几个为什么，这是创新的开始，一味套用前人的经验是不可取的。通过大胆假设、小心求证，对于方案中确可优化的工艺、流程，通过申请专利、申报工法等方式进行创新，以正视客观、符合客观。

除此之外，还将继续落实资料总交底、图纸会审、仪器设备管理等常规技术管控措施。根据公司发展情况，创造性地试行施工总策划、BIM应用等新方法，不断提升综合效能。

## 强健于脾–质量创优

中医之脾，输布精微，在于气血，在于容颜。脾作为消化系统的吸收站，将摄入的食物消化和吸收后，通过升清作用散布于全身，以营养五脏六腑。脾健则精，人丽也。

质量是企业的生命。对于建筑工程，一谈到质量，很多人想到的就是工程施工质量，即屋面渗漏、外墙面砖脱落、路面沉降、桥头跳车等质量问题。不可否认，这些是质量问题的一部分。在企业文化“格物致知”的熏陶下，中诚投人认为的质量，不但包含工程施工质量，还表现在扎实做好每一项工作，认真控制好每一个关键工序、详细记录好每一个监测数据……除此之外，还包括每项工作完成的效果、服务态度、相关合作单位的满意度以及建筑工程保修期、用户回访、用户投诉处理等使用阶段的服务质量。简言之，即质量的全生命周期管理。当下，市场竞争日趋激烈，国内建筑企业面临着空前的生存和发展压力。品质决定价值；品牌决定生存。“物竞天择，适者生存”，我们唯有以业主为中心，从“三个办事准则”出发，“健脾固本”，不断提升产品品质，强化品牌效应，方可顺利实现“创建值得信赖的百年建筑企业”的美好愿景。

**1. 把事情办对，即办正确之事，这直接关系到事情的成败**。施工之前认真熟悉合同要求及设计文件，明确质量目标，熟知本工程的重难点及需达到的质量标准。例如，常见的地下工程防水施工含四个等级，每个等级的判定标准截然不同。不熟悉施工图纸、不了解具体情况，仅凭多年经验盲目施工，极有可能造成后期修补或返工，导致损失成本增加。

**2. 把事情办成，重点在于事前控制**。质量管理不是被动地解决质量问题，它需要提前进行质量策划，对工序质量进行事前控制。针对常见的质量问题、施工薄弱环节、关键部位和工序，提前编制质量预控方案，从“人、机、料、法、环”五个方面综合剖析质量问题产生的缘由。过程中继续完善《质量红线》《质量标准化》等固化图集，继续坚持质量目标责任考核、技术交底、三检、样板引路、实测实量、质量帮扶、QC和质量巡查奖罚等基本制度不动摇。根据后期发展情况，可适时引入停止点、交付后评估等新制度。从公司到项目，逐步建成以“制度为本、止于事前、赏罚分明”的质量主动控制体系。

**3. 把事情办好，这是在办成的基础上更进一步**。我们绝不满足于仅达到“质量合格”的基本要求。“居之无倦，行之以忠。”要实现品牌的跃进，还需有“自强不息”的精神。我们借鉴《四川省土建工程创优指南》和《四川省机电工程创优指南》的优秀做法，全力打造精品工程，积极申报芙蓉杯、天府杯、国家优质工程奖及鲁班奖等各种质量奖项。通过创优目标的不断提高（突破自己）、竞争单位综合实力的不断提升（突破他人），我们可在拼搏中成长，从而保证产品品质始终位居行业前列。

当然，目前的施工工艺大多仍需要手工作业，从“三个客观对待”的角度出发，质量缺陷也是客观存在的。“失之毫厘，谬以千里。”出现质量瑕疵、质量问题不可怕，最怕的是放任不管。每张质量安全隐患整改通知单的开具，都表明了阻击风险的决心；一对一回复后整改情况的复核，践行着“诚信得天下、匠心铸辉煌”的初心。

“天下大事必作于细。”我们还要从小处着眼，保障每一道工序的质量都符合规范规定和设计文件要求，由小及大，环环相扣，精益求精。

## 肝排万毒-安全防控

肝脏将食物在代谢过程中产生的有害物质通过分解、氧化、结合的方式，使之失去活性，并排出体外。它是躯体的解毒器。

建筑行业因作业环境复杂、受周围环境影响较大，从而被列为六大高危行业之一。安全是人类与生存环境资源互利共生、和谐相处的状态，是消除风险、维持稳定、保障正常建造秩序的排爆手。

安全始于细节。从小处着眼，许多事故的发生，追根溯源，都源于作业过程中对细节的忽视：电焊工未戴防护面罩而被烧伤、集水井无防护而掉人、架子工未系安全带而坠落……安全事故一旦发生，威胁的不仅是个人的生命，还会对其家人、企业乃至社会造成严重的影响，它关乎着企业的生死存亡。这就需要各级管理者全方位、持续性地搞好“排毒排爆”工作。那么如何实施呢？

**1. 思想上“诚意正心”，端正心态、心无旁骛**。不欺人，更不自欺。不同于实体质量产品，安全工作是为满足某一阶段建造作业条件安全而实施的动态化、临时性保障工作。“企业是船，文化为帆。”安全文化的营造是安全管理的重要组成部分，是以提升人的安全观念为目标，实现“要我安全”到“我要安全”转变的主要手段。真切的提示语、醒目的公示牌、简洁的二维码、寓教于乐的体验区……点点滴滴，无不诠释着安全文化的内涵。

**2. 行动上“以法为基、权责明确、多管齐下、每建必优”**。

（1）以法为基。

“不以规矩，不能成方圆”。法律是人类发展的动力源，社会的文明离不开良法善治。我们以《中华人民共和国安全生产法》、行政和地方性法规、各级安全生产管理条例为基础，相应的安全规范、规程为指引，结合公司实际情况制定了《安全管理手册》《安全文明标准化图集》《企业VI标志》等具有“中诚投”特色的企业安全管理制度。新项目实施前，在对项目深入调研的基础上，签订《目标责任书》并完成《项目安全策划书》。它们共同构成了项目安全工作的法律屏障，是准确“排爆”的前提，也是搞好安全生产的内因之所在。

（2）权责明确。

权责对等是法的基本原则之一。为深入贯彻“安全第一、预防为主、综合治理”的方针，公司成立了各级安全生产领导小组。由上及下，始终坚持“逐级负责、专业负责、党政同责”的原则，大力实行安全生产责任制，将体系中每一个岗位的安全生产责任书面化、具体化。“建章立制，违者当纠”，对于执行中的安全问题，强化问责机制，坚持用“四不放过”的原则进行处理，绝不做“好好先生”。

（3）多管齐下。

法的效力在于行，行的重点在于预控风险。矛盾有主要与次要之别，风险也有核心与一般之分。把事情办对就是要抓主要矛盾、控核心风险，绝不可胡子眉毛一把抓，自乱阵脚。项目执行前根据施工图纸，编制危险源识别清单，对项目进行风险评级。风险程度高的项目重点管控。项目实施阶段，定期根据人员体系配置、实施情况等因素对评级进行修正以调整管控节奏。

方向明晰后，我们便可以法为基、多管齐下、全力践行安全风险防控。我们坚持安全交底和安全生产教育培训制度，以人为突破口，让“管经营必须管安全、人人都是安全员”的理念深入人心；持续巩固和完善信息化管理、信用分管理、危大工程管理、机械设备隐患排查、各类安全检查、班前教育、安全技术交底、安全奖罚等管控手段，全方位、多角度排除隐患，从而将事故消灭于萌芽阶段。

（4）每建必优。

除做好安全风险防控的基础性工作外，我们坚持“每建必优”

的原则不动摇。在保证安全防护、文明施工基本措施费有效使用的基础上额外增加安全创优经费的投入。以《安全策划书》为指导，所有符合条件的项目均须创建安全文明标化工地；基本目标达成项目均须进一步提升标化等级，绝不能止步不前。

## 内稳于肾–劳资平衡

肾藏先天之精，为脏腑阴阳之本。它可调节躯体中的水、电解质以及酸碱平衡，保证体液容量、渗透压以及离子浓度等始终处于稳定状态。

劳务管理是建设工况下的透析机。一方面，它始终以把控风险为目标，多措并举，通过择优选择劳务分包单位、建立劳务队伍评估机制、完善优质劳务资源库等方式，层层把关，控制工程成本、保障企业收支平衡、实现现金流稳定；另一方面，它始终以人为本，搭建实名制平台、点对点跟踪民工工资拨付，及时处理劳务投诉和劳资纠纷，最大限度维护工人合法权益、保证工程内环境稳定。在劳务管理中，坚持成本观、严法制，则人和，则内稳，则事事通！

**1. 成本观**。这是一个合格劳务管理者应具备的基本素质。工程成本分为直接和间接成本，直接成本构成工程成本的主体，对成本多少起着决定性作用。人工费相较于材料、机械费用而言，易受工程规模、区域差异等诸多因素的影响，波动性较大。为此，劳务管理人员需具有较强的成本观，从合作单位的源头选择到劳务队伍的过程管理，切实将人工费用控制落到实处。成本的降低意味着利润的增加和抗风险能力的增强，企业的每一步将走得更稳健。

**2. 以法管人**。实现成本可控、维护工人权益是劳务工作的目标，有据可依、有据可查是保障目标实现的手段。对于劳务管理，过程比结果更重要，加之劳务工作面对的受众文化水平相对较低，对劳务制度流程等过程性工作不重视，所以我们更应在劳务制度流程落地上下功夫。制度流程的制定不是一蹴而就的，它是调研、编制、评审、试行、复盘、修订的循环过程。我们以国务院《保障农民工工资支付条例》及相关法律、行政法规为依据，在深入调研项目需求的基础上，制定与中诚投实际情况相匹配的劳务管理制度。实施过程中随时到一线去收集意见和问题，定期对制度进行优化和调整，与时俱进。

**3. 以和通人**。劳务分包单位是劳务部监督与服务的对象，也是决定内环境稳定的主体。“礼之用，和为贵”。“和”之于劳务管理，不应是形容词中的一团和气，而应是动词中使之融合的过程。

## 结语

近年来，随着建筑行业市场的日趋饱和，市场竞争已从单纯的价格战转换到多维度聚合的品牌战。企业要想建成百年老店，就必须具有忧患意识。“前进的道路不可能是一帆风顺的，越是前景光明、越要居安思危。”

慧动于心，计划驱动；换新于肺，技术创新；强健于脾，质量创优；肝排万毒，安全防控；内稳于肾，劳资平衡……劳资稳定是前提，技术先行是基础，质安控制是核心，要使其目标一致、凝心聚力更离不开计划的支撑。企业如同人体，各职能部门集成于此，通过神经“中枢”保障着企业全生命周期的健康平安。它们互相制约又相互协调；互相牵制又相互依存。在彼此矛盾时，唯有抓住文化之“中枢”，方可融会贯通、生生不息！

践行企业文化之

# 法务管理篇

吴真/文

法务部门作为公司风险防控与

案件处理的重要部门，

以不变的企业文化内涵应对万变的风险与纠纷，

由内而外，刚柔并济，

助力公司建设百年企业的美好宏图。

企业文化是一个公司由其价值观、信念、仪式、符号与处事方式等多种元素组成的特有的文化形象，是企业在生产经营过程中逐步形成的，为全体员工所认同并遵守，包含本组织的使命、愿景、宗旨和经营理念。中诚投（以下简称公司）公司企业文化从全员献计献策到成文发布，再到全员宣贯、有效落地的全过程，是公司各职能部门在企业文化的推动下进行部门调整、优化与加强自身建设与管理的过程，也是各岗位人员对企业文化参与、理解与深度学习的递进过程。

古人云："有内无外不成拳，有外无内难成术。"对于公司法务部门的管理与建设而言，也在企业文化的引领下，术业专攻，各司其职。对内，通过加强法务岗位人员的思想意识建设与专业素养建设，与公司其他各部门，共同服务于企业的生产经营活动；对外，重点加强管理与法务部门关联最紧密的两大主体，从优化外聘律师团队的考核标准到各项法律服务下沉至项目部，内外兼修，齐心而为。

## 一、企业文化是法务管理与建设的内驱力

### （一）企业法务管理内驱力的主体

当我们在谈企业文化落地执行的时候，具体在谈什么？我们认为，最关键的一点，是执行的主体。文化落地是掷地有声还是有气无力，取决于接受与践行文化的主体。毫无疑问，企业的法务管理与建设的主体即企业的法务岗专业人员，不管是法务专员还是法务经理，都在公司企业文化“格物致知、诚意正心、自强不息”的倡导下，将岗位职责铭记于心，严于律己，规范行事。

### （二）企业法务人员的自身建设

俗话说，打铁还需自身硬。法务人员作为企业法务管理与建设的核心主体，在不断学习与加强对企业文化的理解过程中，始终坚持以“三个客观对待”为做人标准，以“三个办事准则”为行事办法，从思想意识建设与专业能力提升方面不断探索，不断突破。

1. 法务人员思想意识的建设

在企业法务人员思想意识建设方面，法务部门遵循“先知而后行，行必有所为”的原则，部门领导坚持“格物致知、诚意正心、自强不息”的企业文化核心，积极倡导与践行正确、积极的法律思维与法律评价标准，将法律专业与建筑行业相融合，以诚信对待各

项客观事物，把正心嵌入各项工作要点，知行合一，重视部门思想意识建设，尤其是事业心、责任心的深度培养。同时组织部门内部定期开展企业文化心得体会与学习交流，从专业角度，探讨岗位职责与企业文化的共同促进，激励部门成员，以更诚恳的态度，认真做事，正直做人。

2. 法务人员专业素养的提升

企业法务人员在强化思想意识建设的同时，也在企业文化的引领下，不断提升自身的专业素养。第一，部门内部认真组织学习《中华人民共和国民法典》《中华人民共和国建筑法》《最高人民法院关于审理建设工程合同纠纷案件适用法律问题的解释》等法律法规，通过对典型案例的解读与分析，深入了解建筑企业在生产经营过程中普遍存在的困境与案发后的应对策略，吸取同类企业的经验教训，遵纪守法，严守法律底线，履行诚信诺言，防患于未然；第二，部门内部对确已发生案件的项目，进行经验总结，分析造成案件的各种因素，形成分析报告，提交公司决策层参考，在新的项目洽谈或合作过程中，提前预判，防范风险的再度发生。

3. 法务部门岗位职能的再认识

从企业法务自身职责上看，企业法务主要有如下五大基本职责：一是合同审查；二是重大事项提供初步法律意见；三是涉诉涉裁案件管理与应对；四是制度审查；五是普法宣传与法律培训。针对上述五项基本职责，法务部以“客观对待事物、客观对待自己、客观对待他人”的做人做事方针为指导，对上述职能在日常工作中进行了再认识，尤其对于以下两个职能，不断进行思考。第一，在合同审查方面，重点审核公司常用的模板合同，总结案发合同的争议焦点，从合同拟定阶段开始，以诚信之心，秉承契约精神，参与市场交易与竞争，用合法、合规的方式维护自身的合法权益；第二，在制度审查方面，参与公司已经公开发布的各项管理制度的修订，审核新制度或管理办法的内容，使企业的管理制度符合法律或行政法规要求的合法性、合规性。

**（三）协同联动机制建设**

企业文化在推动企业法务管理与建设过程中，内驱力的第二个体现，是法务部门与公司其他部门协同联动机制的建设。一方面是法务部门与公司其他各职能部门就具体项目或案件发生纠纷时的联动处理能力，另一方面是法务人员在项目洽谈与合同履约过程中，就可能存在的风险与应对措施提供专业建议。

1. 企业法律纠纷的高效解决机制

在司法实践中，与建设工程合同相关的纠纷数量庞大，属常发、多发诉讼案件领域。就司法案例来看，在建设工程施工合同履行过程中，施工单位面临的纠纷或法律风险层出不穷，且愈演愈烈，但就公司而言，依托企业文化所倡导的“诚意”“正心”之内涵，构建了“事前防范、事中沟通、事后总结”的法律纠纷处理模式。具体而言，第一，在某项目收到律师函或催款性质的工作联系函后，法务部门将及时对案涉项目进行风险提示，与财务部门进行沟通，对目标公司的付款计划进行优化或调整，在符合合同约定的付款条件下，尽量避免律师函向具体案件的转化；第二，在发生涉诉涉裁案件后，法务部门在第一时间会同公司财务、成控、生产技术等部门，成立专门案件研讨小组，就涉案项目或对方公司的相关信息，从各维度进行收集与汇总，在专业律师指导下，提炼出关键的资料，作为证据材料，以维护公司的合法权益；第三，在具体案件收到生效裁判文书后，法务部门会依据裁判理由、有指向性地向公司具体职能部门提出某一事项和环节的优化方案，以避免后续类似案件产生。

2. 以项目为载体的协作机制

法务部门作为公司经营管理过程中重要的风险防控部门，在项目洽谈之初，一方面，参与或组织专业团队进行尽职调查，对目标公司的资产和负债情况、经营和财务情况、法律关系以及合作项目的真实性、前景及所面临的机会与潜在的风险进行一系列调查；另一方面，对项目进行一定程度的了解，比如是否在公共资源交易平台挂出，是否取得立项许可，结合公司实际情况，评估项目风险，尤其是付款条件、付款节点、资金来源、是否需要垫资或垫资比例、项目的业主单位等信息，通过提前尽职调查的方式，配合市场拓展人员进行前期合作协议的把控。

## 二、企业文化在法务管理中的影响力

如果说内驱力是企业文化在法务管理与建设中的基因，那么影响力则是其脉搏，通过不停地修正与自我调整，将企业文化输送到外部法务管理与建设的阈值，让企业文化走出公司大门，在融合与淬炼中，赋予其更多的内涵与定义。具体而言，企业法务管理的外部对象，主要为外聘律师团队或律所，以及公司各项目部。

### （一）企业法务对外聘律师的管理

律师事务所或办案律师，是企业法务管理对外的第一对象，也是企业法务对外管理中的关键环节。基于此，法务部门以企业文化所倡导的“管理意识、市场意识、风险意识”为出发点，坚持“成本观念与质量观念”，探索出了以案件考核制度及律师事务所入库名单制度为代表的外聘律所或律师管理制度。

1. 法律意见的统筹管理

企业在生产经营活动中，对于可能存在风险的民事活动，需要律师出具专业法律意见，供决策层参考。对于法律意见方面的管理，企业法务人员始终坚持从公司利益出发，客观对待竞争环境与公司风险，在律师出具法律意见的过程中，充分沟通，发挥好桥梁的作用。与此同时，也要审慎审查法律意见具体方案与公司利益是否有冲突，律师是否打着保护公司利益的旗号，在出具法律意见中夸大风险，制造焦虑，以达到谋取个人利益的目的。通过以上对法律意见的沟通与甄别，践行企业文化中“公司利益至上”的原则，做好企业法务管理与公司法律风险把控。

2. 建立律所或律师团队的进退机制

对于律师团队或律师事务所的管理，法务部门以“严谨、务实”的作风，从“时间观念、成本观念、质量观念及安全观念”四个维度出发，探索形成了符合公司风格的管理方案，建立了“律师事务所入库及黑白名单制度”，对于因涉诉涉裁案件或非诉业务为公司提供专业法律服务的团队或律所，将被留存在信息库内，在后续需要专业服务时同等条件下优先启用，但是对于在提供服务过程中未按公司要求或方案有悖于现行法律法规相关规定的，法务部门则会从上述四个维度进行初步的综合考量与评价，并将初步意见汇报给公司领导，由领导商议某律所或团队是否在一段时间内不参与案件办理或直接退出企业律所信息库。

**（二）企业法务的项目部下沉管理**

项目部作为公司各项目落地实施的第一线，也是公司生产经营过程中的风险防控第一线。科学高效的项目部管理，是极大程度避免发生质量、安全、违约、索赔及其他法律风险的有效手段。就公司法务部门而言，对于项目部的管理主要体现在建立专门联络人沟通制度、及时便捷提供法律咨询服务及重视项目部法务培训三大方面。

1. 专门联络人沟通制度

随着公司各类项目日益增多，粗放式的项目管理方式已经不再适应项目部的管理需求。在企业文化“把事情办对、把事情办成、把事情办好”的办事准则指导下，对项目部的法律管理，公司建立了专门联络人沟通制度。对于项目部可能遇到的法律纠纷或风险，专门联络人对事件情况进行了解梳理后，及时与法务部门沟通，以便将纠纷化解在萌芽阶段；对于已经发生案件的项目，法务部门在向项目部收集证据材料时，大多数时候，证据材料散见于项目部各管理部门，这时就可以直接由专门联络人负责整理或提交，在案件进行过程中，及时沟通进度，掌握动向，这样在提高效率的同时，也可以把事情办得更有条理，更正确。

2. 开通法务咨询及时便捷渠道

由于专业分工的差异，项目部在遇到专门的法律问题时，很难自行判断或提出解决方案，在这些方面，公司非常重视项目部法律咨询的及时性与便捷性建设。在项目召开初期见面会的时候，就会将法务部门联系方式公开，也在公司统一线上管理平台中进行展示。在项目遇到疑难问题时，可以从多个途径联系到法务部门，法务部门在公司规定的时间内对相关的法律咨询及时进行解答并记录。对于疑难问题，向领导进行汇报，听取领导的意见，结合法律建议，给咨询者以答复。

3. 重视项目部法务培训

如同企业文化在形成后需要宣贯一样，新颁行或修改的法律法规也需要学习。因此，针对项目部的定期法律培训，法务部门通过把项目部重点管理部门特别是各法律风险高发部门的成员集中组织起来，以专题的形式，将常见的、普遍存在的问题，进行分享与探讨，取得了良好的培训效果。同时，法务部门也在如何加强培训的广度与深度方面进行思考，探索出了如下可实施、收效高的项目部培训模式。

进行法律培训的对象不再局限于公司的法律顾问，从司法实践的其他专业领域邀请专业人士向项目部授课。比如，聘请公检法人员讲授职务犯罪与预防的相关内容，提高对于廉洁工作的警惕性；培训的内容也不再局限于建筑行业，逐渐拓展至基本法领域。比如，法务部门就基本民事、刑事诉讼程序进行授课，对《中华人民共和国民法典》的主要内容进行讲解，让项目部员工对我国基本法律常识和法律程序有所了解，这样在今后的生产生活中，一旦出现问题，也可以检索法律条文，维护自身的合法权益。

公司的治理需要企业文化与公司规章制度相辅相成，以企业文化的内涵来填补因为规章制度的高度凝练而弱化的相关内容。法务部门作为公司风险防控与案件处理的重要部门，既要掌握各类现行有效的法律法规，在法律的刚性要求下规范行事，把控风险，又要将企业文化所提倡的理念及意识融入日常的工作中，进行柔性的管理与建设，以不变的企业文化内涵应对万变的风险与纠纷，由内而外，刚柔并济，助力公司建设百年企业的美好宏图。

# 后记

Postscript

每个企业几乎都有自己的企业文化，贯穿于企业生产经营的全过程。段老作为一名企业管理者，在多年前就十分关注企业文化。由于他善于学习，勤于思考，反复研读传统文化和西方先进管理理念，站在马克思主义的哲学高度，从一个老共产党员的世界观和立场出发，形成了一套独有的企业管理理念。

段老自身的成长历程，决定了他思考、处理问题的出发点与归宿。管理企业，必然是以推动企业的发展与维护员工的切身权益为目标。所以，当他在 20 世纪 90 年代初担任航空航天工业部成都 420 厂厂长期间，就和员工一道塑造了“行自主，倡创新，求质量，为服务”的 420 厂企业文化。应该说，这一企业文化建设的蓝图，既符合当时社会经济建设的发展现实，也符合当时 420 厂的发展要求，在企业文化建设的过程中统一了 420 厂两万多名员工的思想，充分调动起广大干部职工的工作积极性和劳动热情，使工厂在短短的三年时间走出困境扭亏为盈，救活了 420 厂。企业的成功实践使段老更深地体会到，企业文化建设在经营管理活动中起到不可替代的作用。

中诚投建工集团是一家民营建筑企业。董事长郭代军先生也和段老一样十分关注企业文化，便委托段老塑造属于自己公司特色的企业文化。对企业的业务范围、组织结构、职工情况、历史发展等进行全方位、充分地调查研究之后，企业文化的塑造工作在集团迅速展开。文化建设推动企业前进。几年来，企业逐渐壮大，由弱到强，成长为四川省的优秀建筑企业。《文化在企业》就是中诚投塑造企业文化的重要成果。

《文化在企业》一书不仅详细阐述了以“格物致知”为核心的中诚投建工集团的企业文化内涵；同时，还阐明了企业文化在生产经营活动中的地位和作用，以及如何塑造自身的企业文化。企业文化指引着企业前进的方向和道路，指引着每位员工的心理和行为，员工就按“三个客观对待”做人，核心是“诚意正心”，从而使大家的思想意识和道德品质与企业同步提高。秉持这一文化理念，使公司生产经营活动不走错路，少走弯路，更避免出现颠覆性风险。

《文化在企业》的“化”作为动词，具有化学的连锁反应之意，是一个量变到质变的过程。让“文”深入每位员工的意识里，“化”在工作的土壤中，让企业文化的建设生根、发芽、茁壮成长，结出硕果。

段老出版了三本书。第一本《芯心相印——我与祖国航空发动机及大型国有企业》是他的自传，写的是他退休前的经历。第二本《芯心相印——不忘初心》写的是他对自己过往人生的感悟。他提出“三个无止境”，即“人类对自然界的认识与利用是无止境的，人类在认识与利用自然界的过程中对自身的进化是无止境的，推动这两个无止境是人类对美好生活的追求是无止境的”，这是他的世界观。他提出“三个客观对待”，即“客观对待事物，客观对待自己，客观对待他人”，这是他的人生观。他提出按“三个办事准则”做事，即“把事情办对，把事情办成，把事情办好”，这是他的价值观。《文化在企业》由段老与中诚投共同编著，这三本书一脉相承，是实践到升华再回归实践的过程，所以该书是段老职业生涯的完美闭环。

书稿经过全体员工反复讨论、修改，又送多方人士征求意见，在得到了大家的基本认同后，才决定将此书正式出版，供同仁们借鉴、参考。

我作为段老的助理，参与了成书的全过程，对于他自强不息的精神和“三老四严”的作风十分佩服。我发现，段老对于企业管理的认识和应用已然成为一套系统，是朴实、有血有肉的，是落地生根的东西。

孔子言：“七十而从心所欲，不逾矩”。段老已是耄耋之年，正是他过往所为，才得以从容自然，信手拈来。大道至简，实干为要，书中简明质朴的文字，是他沧海桑田的真实写照。

这次荣幸地为本书写了后记，恕我浅薄的认知无法对段老的人生所历感同身受，也无法较准确、深刻地理解他的管理哲学。所幸和大家一样的是，身边有这样一位智者一路指引前行，甚觉难得，因而也格外珍惜。

段昌平助理　王鲜萍

2023 年 3 月